Infraestruturas financiadas
por recursos naturais

UM ESTUDO DO BANCO MUNDIAL

Infraestruturas financiadas por recursos naturais

Uma discussão sobre uma nova forma de financiamento das infraestruturas

Håvard Halland, John Beardsworth, Bryan Land, e James Schmidt

Com comentários de
Paul Collier
Alan Gelb
Justin Yifu Lin e Yan Wang
Clare Short
Louis Wells

ISBN (papel): 978-1-4648-0601-8
ISBN (electronic): 978-1-4648-0602-5
DOI: 10.1596/978-1-4648-0601-8

Fotografia da capa : Getty Images / Sam Edwards. Usada mediante autorização; será necessária permissão adicional para reutilização
Projeto da capa e das páginas internas: Debra Naylor, Naylor Design Inc.

Índice

Caixas

Figuras

Quadros

Agradecimentos

Este relatório foi preparado sob a orientação de Håvard Halland, economista de recursos naturais, e de Bryan C. Land, especialista principal em mineração, ambos do Banco Mundial. Incide num estudo realizado por consultores do Banco: John J. Beardsworth, Jr., sócio e director mundial e James A. Schmidt, jurista, ambos de Hunton & Williams LLP. Os comentários de Paul Collier, Alan Gelb, Justin Yifu Lin e Yan Wang, Clare Short e Louis T. Wells enriqueceram imensamente o debate que este relatório representa.

Os editores estão extremamente gratos aos especialistas, que ajudaram a aperfeiçoar o conceito inicial para este trabalho: Paul Collier, Shanta Devarajan e Deborah Brautigam. Várias pessoas contribuíram com sugestões da maior utilidade relativamente a versões anteriores, incluindo Pierre A. Pozzo di Borgo, Nicola Smithers, Marijn Verhoeven e James Close; e, quanto à nota conceptual, Xavier Cledan Mandri-Perrott, Anand Rajaram, Nadir Mohammed, Jyoti Bisbey e Tomoko Matsukawa. Otaviano Canuto contribuiu com o seu parecer crítico nas várias fases do processo de trabalho e Vivien Foster na fase inicial. A assistência de pesquisa pontual esteve a cargo de Mariela Sánchez Martiarena e a edição coube a Fayre Makeig. O relatório não teria sido possível sem o valioso apoio à gestão prestado por William Dorotinsky e Nick Manning.

Por último, o Banco Mundial gostaria de agradecer os contributos financeiros do Departamento de Negócios Estrangeiros e Comércio do Governo da Austrália, que está a apoiar o programa de pesquisa do Banco Mundial em matéria de indústrias extractivas em África, e do Mecanismo de Assistência Público-Privada para Infraestruturas. Esta tradução foi integralmente custeada pelo Mecanismo de Parceria para a Governação. Todas as opiniões, erros e omissões são da inteira responsabilidade dos autores.

Sobre os Autores

Håvard Halland é economista de recursos naturais no Banco Mundial, onde conduz as agendas de investigação e políticas nas áreas de financiamento de infraestruturas com base nos recursos naturais, política dos fundos soberanos, gestão das receitas das indústrias extractivas e gestão das finanças públicas para o sector extractivo. Antes de ingressar no Banco Mundial foi delegado e gestor de programa do Comité Internacional da Cruz Vermelha (CICV) na República Democrática do Congo e na Colômbia. Possui um Ph.D. em Economia pela Universidade de Cambridge.

John J. Beardsworth, Jr., é o director do grupo de prática comercial da sociedade internacional de advogados Hunton & Williams LLP e membro do Comité Executivo da empresa. Com mais de 30 anos de experiência, a sua prática centra-se no desenvolvimento de recursos, transacções no domínio da energia e das infraestruturas e no financiamento de projectos. O Sr. Beardsworth tem uma vasta experiência em reestruturação e privatização de empresas de infraestruturas e em desenvolvimento, financiamento e construção de activos relacionados com recursos naturais e infraestruturas. É reconhecido pela sua prática de longa data em África. O Sr. Beardsworth obteve um JD com louvor de The George Washington University Law School em 1979 e um BA da University of Pennsylvania, magna cum laude, em 1975.

Bryan C. Land é um especialista de renome em mineração no Banco Mundial e tem estado à frente do desenvolvimento da investigação de oportunidades e desafios enfrentados pelos países africanos ricos em recursos naturais. Antes de ingressar no Banco Mundial, o Sr. Land dirigiu o programa do Secretariado da Commonwealth sobre gestão de recursos naturais. Anteriormente, exerceu a sua actividade nas empresas de consultoria IHS Energy e CRU International, tendo também passado três anos na Papua Nova Guiné, no Departamento de Minerais e Energia. O Sr. Land possui uma licenciatura em economia pela London School of Economics e um mestrado em assuntos internacionais e direito de recursos naturais da Columbia University e Dundee University, respectivamente.

James A. Schmidt é advogado na sociedade internacional de advogados Hunton & Williams LLP. Com mais de 25 anos de experiência, Schmidt concentra a sua actividade na reestruturação e configuração do mercado do sector eléctrico, criando enquadramentos legislativos e regulamentares, desenvolvendo agências reguladoras e negociando projectos de infraestruturas para promotores privados, governos e seus serviços de utilidade pública, e parcerias público-privadas. Actuou como jurista principal em questões de reforma energética e regulamentar no departamento jurídico do Banco Mundial entre 1996 e 1998. Foi ainda oficial de justiça na 4ª Circunscrição do Tribunal de Recursos dos EUA entre 1986 e 1989. Obteve um JD da University of Wisconsin Law School em 1986 e um BA da Lawrence University em 1983.

Sobre os Autores dos Comentários

Paul Collier é professor de economia e de políticas públicas na Blavatnik School of Government, professor (professorial fellow) de St. Antony's College e Codirector do Centre for the Study of African Economies, Oxford. De 1998 a 2003, foi director do Departamento de Desenvolvimento de Investigação do Banco Mundial. Actualmente, é *professor convidado* de Sciences Po em Paris 1. O Professor Collier é consultor do Departamento de Estratégia e Políticas do Fundo Monetário Internacional, da Região África do Banco Mundial e do Departamento de Desenvolvimento Internacional do Reino Unido (DfID). Escreveu para o *New York Times, Financial Times, Wall Street Journal* e *Washington Post*, e é o autor de vários livros. Em 2008, o Professor Collier foi elevado à condição de cavaleiro pelos serviços prestados para promover a investigação e alteração das políticas em África.

Alan Gelb é um membro credenciado (senior fellow) do Center for Global Development. Anteriormente ocupou vários cargos no Banco Mundial, incluindo o de director de política de desenvolvimento e de economista chefe da Região África. As suas áreas de pesquisa incluem a gestão de economias ricas em recursos naturais, desenvolvimento económico de África, financiamento baseado em resultados e o uso de tecnologia de identificação digital para o desenvolvimento. Escreveu vários livros e artigos em publicações académicas. Tem um B.Sc. em matemática aplicada da University of Natal e um B.Phil. e um D.Phil da Universidade de Oxford.

Justin Yifu Lin é professor e reitor honorário da National School of Development da Universidade de Pequim e membro do Conselho Estadual. Foi vice-presidente sénior e economista chefe do Banco Mundial entre 2008–2012. Anteriormente, o Sr. Lin, e durante 15 anos, foi director e professor fundador de China Centre for Economic Research (CCER) na Universidade de Pequim. É o autor de 23 livros, incluindo *New Structural Economics: A Framework for Rethinking Development and Policy*. É membro do Comité Permanente da Chinese People's Political Consultation Conference e vice-presidente da All-China Federation of Industry and Commerce. É membro correspondente da Academia Britânica e membro da Academia de Ciências para o Mundo em Desenvolvimento.

Clare Short é a presidente do Conselho da EITI, eleita na Conferência Mundial EITI em Paris, em Março de 2011. Anteriormente, S.Exa. Clare Short foi Secretária de Estado para o Desenvolvimento Internacional do Reino Unido (1997 – 2003). Tendo sido a primeira pessoa a ocupar este cargo, teve um papel fundamental no que toca a elevar o perfil e o orçamento do Reino Unido destinado ao desenvolvimento sustentável e à erradicação da pobreza. Em 1983, passou a integrar a Câmara dos Comuns,

representando no Parlamento a sua terra natal de Birmingham Ladywood. Foi minis-
tra-sombra para os assuntos das mulheres (1993-95), secretária de estado sombra dos
transportes (1995-96) e porta-voz da oposição em matéria de desenvolvimento em
países terceiros (1996-97). É membro do Comité Consultivo de Advogados
Internacionais para África e mandatária da Acção Humanitária para África.

Yan Wang é professora visitante sénior (senior visiting fellow) na National School of
Development da Universidade de Pequim e professora visitante na School of Business
da George Washington University. Anteriormente, e durante 20 anos, trabalhou como
economista sénior e chefe de equipa no Banco Mundial, tendo adquirido uma profunda experiência no que toca à colaboração com governos e com o sector privado nas
economias de mercado emergentes. Serviu também como coordenadora do
Comité de Assistência ao Desenvolvimento (DAC) da Organização para a Cooperação
e Desenvolvimento Económico (OCDE) e do Grupo de Estudo da China durante
dois anos (2009-2011), tendo actuado no domínio da cooperação e investimento para
o desenvolvimento entre a China e África. Foi autora e co-autora de vários livros
e publicações e recebeu o SUN Yefang Award de Economia. Obteve o seu PhD
na Cornell University e ensinou economia antes de ingressar no Banco Mundial.

Louis T. Wells é o Professor Emérito de Gestão Internacional da Herbert F. Johnson
na Harvard Business School. Foi consultor de governos de vários países em desenvolvimento, bem como de organizações internacionais e de empresas privadas.
As suas principais actividades de consultoria e temas das publicações diziam respeito à política de investimento estrangeiro, negociações entre investidores estrangeiros
e governos anfitriões e resolução de conflitos sobre investimento. Foi o coordenador
de Indonesia Projects de Harvard Institute for International Development, Jacarta,
em 1994-95. O Prof. Well recebeu um BS em física da Georgia Tech e um MBA e
um DBA da Harvard Business School.

Abreviaturas

BIRD	Banco Internacional para a Reconstrução e Desenvolvimento
CFR	colaterização de receitas futuras
CNUCED	Conferência das Nações Unidas para o Comércio e Desenvolvimento
EITI	Iniciativa para a Transparência das Indústrias Extractivas
EPC	engenharia, aquisições e construção
FIDIC	Federação Internacional de Engenheiros Consultores
FMI	Fundo Monetário Internacional
GSTF	Fundo para a Transformação Estrutural Global
IDE	investimento directo estrangeiro
IEEE	Instituto de Engenheiros Eléctricos e Electrónicos
IFI	instituição financeira internacional
IPP	projecto de energia independente
LDCs	países menos desenvolvidos
MDB	banco multilateral de desenvolvimento
MOU	memorando de entendimento
O&M	Operações e Manutenção
ONG	Organização Não Governamental
PIB	Produto Interno Bruto
PIU	Unidade de Execução do Projecto
PPP	Parceria Público-Privada
RAF	Financiamento assente na antecipação de receitas
RFI	Infraestruturas Financiadas por Recursos Naturais
RfI	Recursos para Infraestruturas
SPV	veículo para fins especiais
SWOT	pontos fortes, fraquezas, oportunidades, ameaças
TIC	Tecnologias da Informação e da Comunicação

PARTE 1

Perspectivas Fundamentais

Håvard Halland

Panorama Geral

Âmbito e Enfoque

Este relatório, que é composto por um estudo preparado pelos especialistas em financiamento de projectos Hunton & Williams LLP e por comentários de seis economistas e formuladores de políticas de renome internacional, apresenta uma discussão analítica da contratação de infraestruturas financiadas por recursos naturais (RFI) numa perspectiva de financiamento de projectos. O relatório visa servir de fórum para uma discussão aprofundada e de base para uma investigação adicional sobre o papel, riscos e potencial do modelo RFI sem qualquer intenção de apresentar um ponto de vista sustentado pelo Banco Mundial relativamente à contratação RFI. Foi motivado pela convicção de que, se os países quiserem continuar a procurar RFI ou a receber propostas não solicitadas de RFI, pesa sobre as autoridades públicas discernir entre bons e maus negócios, fazer um julgamento sobre compensações inevitáveis e actuar em conformidade. O relatório visa oferecer uma base para desenvolver esclarecimentos sobre o modo como se podem fazer negócios RFI sujeitos ao mesmo grau de escrutínio público que qualquer outro instrumento, através do qual um governo de um país de rendimento baixo ou de rendimento médio-baixo possa procurar mobilizar financiamento ao desenvolvimento.

O relatório também contempla a integração global de "contratação aberta", dando aos cidadãos os meios para se envolverem com os governos e outras partes interessadas na melhor forma de gerir recursos não renováveis, para benefício público. No caso de RFI, há uma ligação muito directa entre o valor dos recursos no terreno e o desenvolvimento de benefícios (infraestruturas). Não é, portanto, de surpreender que a Norma da Iniciativa para a Transparência das Indústrias Extractivas (EITI) revista, adoptada em Maio de 2013, aborde as transacções extractivas com uma componente de infraestruturas, incluindo RFI.[1]

Com vista à realização do estudo, o Banco Mundial pediu a John Beardsworth, Jr. e a James Schmidt da empresa especialista em financiamento de projectos Hunton & Williams LLP uma análise do modelo RFI numa perspectiva estrutural, jurídica, financeira e operacional. Os temas incluem as características de financiamento do modelo; atribuição de valor às trocas no âmbito do RFI; relação do modelo com um determinado regime fiscal; partilha de riscos e responsabilidades; resolução de litígios; acordos de supervisão da construção; especificação de normas técnicas; bem como operações e manutenção. O estudo resultante argumenta que os acordos RFI são uma derivação de modelos de financiamento mais tradicionais (nomeadamente concessões de recursos naturais, aquisições de infraestruturas pelo Estado, financiamento de projectos e parcerias público-privadas) e que podem ser aferidos tomando estes como referências. O estudo prossegue com o exame da identidade e interesses das partes dos acordos RFI, dos riscos assumidos, dos compromissos contraídos e explora opções de salvaguardas para garantir a protecção do interesse público.

Dado o seu enfoque em questões contratuais e financeiras, o estudo não aborda questões contextuais mais vastas (tais como apreciação, selecção, monitorização e avaliação de projectos de infraestruturas) nem questões de absorção no domínio macroeconómico e institucional decorrentes do aumento de investimento em infraestruturas. Como os empréstimos RFI têm sido predominantemente sob a forma de crédito à exportação, sendo a mão-de-obra e bens intermédios importados do país financiador, ficaram reduzidos os potenciais problemas em torno da absorção macroeconómica. Mas o uso extensivo das importações levanta outras questões, relativamente ao emprego local, valor acrescentado nacional e contribuição para a diversificação económica. Por último, como referiu Alan Gelb (em "Comentários", Parte 3 deste relatório), o estudo não endereça debates mais amplos respeitantes à colaterização de receitas públicas futuras e implicações para a estabilidade orçamental e a solvabilidade.[2]

Elementos Essenciais de RFI

Num acordo de RFI, o empréstimo para a construção real de uma infraestrutura é titularizado pelo valor actual líquido de um fluxo de receitas futuras provenientes da extracção de petróleo ou de minerais, ajustado para riscos. Os desembolsos de empréstimos para a construção de infraestruturas normalmente começam pouco tempo após a assinatura de um contrato conjunto de extracção de recursos naturais/infraestruturas e são pagos directamente à empresa construtora para cobrir os custos de construção. As receitas destinadas a pagar o empréstimo, cujo desembolso é feito directamente pela empresa petrolífera ou de mineração a favor da instituição financeira, normalmente começam uma década mais tarde, depois de terem sido recuperados os investimentos de capital iniciais para o projecto de indústrias extractivas. O período de carência dos empréstimos para infraestruturas depende de quanto tempo demora a construção da mina ou o desenvolvimento do campo petrolífero, da dimensão do investimento inicial e da sua taxa de retorno. Os projectos extractivos de grande dimensão podem custar entre USD 3 000 milhões e USD 15 000 milhões e levar 10 anos ou mais desde a descoberta até à operação comercial e vários anos mais para recuperar os investimentos iniciais. As infraestruturas financiadas através de acordos RFI incluem centrais eléctricas, caminhos-de-ferro, estradas, projectos de tecnologias de informação e comunicação (TIC), escolas e hospitais e obras hidráulicas (Foster et al. 2009; Korea ExIm Bank 2011; Alves 2013).

Os acordos RFI — a não confundir com um pacote de produtos de recursos naturais/infraestruturas, nos quais as infraestruturas têm um carácter complementar em relação à extracção de recursos (tais como ligações ferroviárias ao porto para o transporte de minério) — podem ser considerados como uma continuação das práticas de empréstimos garantidos pelo petróleo, iniciadas pelo Standard Chartered Bank, BNP Paribas, Commerzbank e outros em Angola nos anos 80 e 90 (Brautigam 2011).

Segundo Alves (2013), os empréstimos garantidos pelo petróleo continuam a ser um modelo comum para vários bancos com actividade em África. Louis Wells, na secção de "Comentários" (Parte 3 deste relatório) argumenta que os "bónus de assinatura", frequentes no sector das indústrias extractivas, são também idênticos aos contratos RFI, no sentido em que fornecem activos agora, pelo acesso a minérios ou outros recursos naturais mais tarde.

Como aconteceu com os empréstimos garantidos pelo petróleo, também os contratos RFI foram utilizados pela primeira vez em Angola. O China ExIm Bank começou a oferecer este tipo de contrato em 2004 e, mais tarde o modelo RFI tornou-se um veículo principal de financiamento da reconstrução do pós-guerra em Angola (Brautigam 2011). A forma RFI de contratação foi mais tarde utilizada em vários países africanos — predominantemente por bancos chineses, incluindo o Banco de Desenvolvimento da China, mas recentemente também pelo Korea Exim Bank para o projecto de mineração Musoshi na República Democrática do Congo (RDC). Segundo o Korea Exim Bank (2011), "o modelo da [versão coreana de RFI] foi desenvolvido estrategicamente para aumentar a competitividade da Coreia face a países que têm uma posição mais avançada no promissor mercado de África. Este acordo é a primeira aplicação do modelo". As estimativas aproximadas baseadas em informações disponíveis publicamente indicam que o valor dos contratos RFI assinados em África será de pelo menos USD 30 000 milhões, se bem que não seja claro quantos destes contratos foram integralmente executados. Em 2011 e 2012, parece que foram assinados contratos no montante de USD 6 000 milhões, havendo contratos no valor de USD 14 000 milhões aparentemente em negociação em 2013.[3]

O aparecimento do modelo RFI pode, em parte, ser percebido como um reflexo da falta de tolerância ao risco e retorno esperado entre os sectores extractivo e das infraestruturas. Vários países em desenvolvimento continuam a deparar-se com enormes défices de financiamento para infraestruturas públicas, apontando as estimativas para um custo anual de USD 93 000 milhões para satisfazer as necessidades de infraestruturas em África, mais do dobro do nível actual (Foster e Briceño-Garmendia 2010). A crise financeira mundial e suas repercussões limitaram drasticamente as fontes de financiamento tradicional, privado e de longo prazo para os países em desenvolvimento, em particular para infraestruturas. Paralelamente, os fluxos de ajuda têm diminuído. O Investimento Directo Estrangeiro (IDE) no sector extractivo, por seu turno, aumentou ao longo da última década em diversos países em desenvolvimento. Embora o recente abrandamento dos preços das matérias-primas minerais exclua projectos de mineração mais marginais, continuam a entrar no sector investimentos da ordem dos mil milhões de dólares — mesmo nas mais difíceis circunstâncias geográficas e políticas, particularmente em África. Consequentemente, os países menos desenvolvidos (LDC) têm, na realidade, recebido mais IDE — como uma percentagem do Produto Interno Bruto (PIB) — do que outros países em desenvolvimento mais avançados (Brahmbhatt e Canuto 2013). O IDE em África quintuplicou desde o princípio do milénio, de USD 10 000 milhões em 2000 para USD 50 000 milhões em 2012 (CNUCED 2013). Tal reflecte o facto de muitos países em desenvolvimento sem acesso a mercados de capital serem também ricos em recursos naturais. Alguns destes países têm estado a utilizar os seus recursos naturais como garantia para acesso a fontes de financiamento destinado ao investimento, contornando os obstáculos aos empréstimos bancários convencionais e aos mercados de capitais. O modelo RFI é um dos vários acordos contratuais que brotou deste contexto.

Debate sobre o RFI

Seis economistas e formuladores de políticas, de renome mundial, fizeram comentários sobre este estudo, proporcionando um aprofundamento, pontos de vista, contextos e perspectivas adicionais (ver "Comentários", Parte 3 deste relatório). Vários comentadores defendem que o RFI — uma prática considerada indesejável pelos princípios convencionais porque, entre outras razões, reduz a flexibilidade orçamental futura ao reservar fundos para infraestruturas — pode, no entanto, ser a melhor opção existente em contextos caracterizados por uma administração pública com fraca capacidade e sistemas de aquisições deficientes. Segundo Paul Collier, a flexibilidade orçamental nem sempre é desejável e a afectação das receitas de recursos para investimentos podia ser preferível, num contexto de uma forte pressão sobre as despesas. A exemplo de Alan Gelb e de Louis Wells, defende que o RFI representa um *mecanismo de compromisso*, permitindo que os ministros responsáveis pela exaustão dos recursos naturais assegurem que os futuros decisores dedicarão uma parte razoável das receitas de recursos naturais para a acumulação de activos. O governo assume este pré-comprometimento, abrindo mão das receitas futuras para financiar infraestruturas, mediante um acordo RFI, ficando assim mais apto a resistir a pressões no sentido de um aumento de despesas recorrentes financiadas com as receitas dos recursos naturais. Os empréstimos garantidos pelo petróleo, por seu lado, não oferecem este mecanismo de compromisso.

Justin Yifu Lin, Yan Wang e Wells argumentam que comprometer receitas dos recursos para a construção de infraestruturas através de contratos RFI pode evitar a fuga de capital que, de outro modo, poderia acontecer como resultado da uma abundância de receitas de recursos num contexto de instituições financeiras e políticas débeis. Gelb aponta para o risco de as receitas do sector extractivo poderem não ser incluídas no orçamento nacional ou, se o forem, acabarem desperdiçadas ou roubadas e argumenta que o inerente mecanismo de pré-comprometimento RFI pode reduzir estes riscos. Considera também que este mecanismo tem o poder de limitar a capacidade de um governo desbaratar as receitas dos recursos naturais acumulados num fundo soberano por um governo anterior mais responsável. Em termos mais genéricos, Lin e Wang argumentam que o RFI poderia "ajudar a resolver graves constrangimentos financeiros e de governação a que países de baixo rendimento mas ricos em recursos estão expostos".

Beardsworth e Schmidt entendem que uma das razões pelas quais os governos podem considerar que um contrato RFI é atractivo é a oportunidade que estes contratos oferecem para produzir retornos para os cidadãos, enquanto os decisores ainda se encontram a governar, bastante antes de um projecto extractivo estar a gerar receitas ou lucro. Nesta linha de pensamento, as infraestruturas construídas na fase inicial do ciclo de projectos do sector extractivo podem conceder legitimidade para um governo democraticamente eleito, ou para um não democrático com uma necessidade de alguma forma de legitimidade popular. Collier também inclui a rapidez da construção da infraestrutura como um dos aspectos mais atractivos da contratação RFI. Lin e Wang sugerem que a RFI pode ser um modelo adequado para a construção daquilo a que eles chamam infraestrutura de "libertação de estrangulamentos", que está associada com a vantagem comparativa dos países de acolhimento.

Lin e Wang argumentam que uma outra vantagem da RFI é o facto de ter em devida conta os potenciais problemas de desfasamento em matéria de moedas no pagamento inicial dos empréstimos para infraestruturas. Enquanto um fluxo de receitas de um projecto de infraestruturas seria expresso em moeda nacional, as receitas da componente extractiva de um acordo RFI são geradas em mercados mundiais de matérias-primas. Assim, os riscos cambiais relacionados com o pagamento inicial do empréstimo para infraestruturas ficarão eliminados se as vendas das matérias-primas e o empréstimo para infraestruturas forem expressos na mesma moeda, que geralmente é o dólar dos EUA.

Collier defende que, enquanto o comprometimento das receitas dos recursos naturais é uma garantia colateral útil para desbloquear obstáculos em fases de negociação e de construção demasiado deficientes para fins de financiamento padrão do projeto, os governos não devem ter o seu capital imobilizado indefinidamente. Uma vez construída a infraestrutura, como por exemplo uma estação eléctrica, torna-se um empreendimento de baixo risco e os governos poderiam vendê-la a um operador privado. De acordo com Collier, "num ambiente de alto risco e de escassez de capital, os governos não deveriam imobilizar o seu limitado capital em infraestruturas de baixo risco com uso intensivo de capital, que poderiam ser operadas por privados".

Gelb, Lin, Wang e Wells identificam um problema que tem sido pouco discutido na literatura existente, designadamente o nível de risco assumido pelos bancos e empresas envolvidos em contratos RFI, e o papel do financiamento concessional na mitigação desse risco. Uma vez concluída a infraestrutura, o que pode acontecer bastante antes do início da produção de petróleo, gás ou minérios, existe um incentivo para o governo renegar o contrato. Wells argumenta que uma oposição política ou um governo novo irá provavelmente esquecer que se receberam benefícios no início do ciclo do projeto extractivo, podendo exercer pressão no sentido de uma renegociação. Assumindo o investidor uma parte significativa do risco operacional, económico e político, os contratos RFI, nesse sentido, seriam equivalentes a empréstimos sem recursos, tendo, até à data, um elemento de financiamento concessional oficial ou semi-oficial destinado a reduzir o risco do investidor sido uma componente padrão dos contratos RFI. Gelb sugere que os acordos de financiamento concessional poderiam tomar a forma de redução da taxa de juro ou de garantias parciais de risco face a uma renúncia do acordo pelo governo do país de acolhimento. Lin e Wang afirmam que, para reduzir as pressões para uma renegociação, a transparência será uma boa forma de servir os interesses dos bancos e empresas envolvidas nos acordos RFI.

Críticas e Riscos

Os autores do estudo assim como os comentadores apontam para vários riscos significativos inerentes aos contratos RFI. Todos eles defendem com veemência que se deveriam aplicar os mesmos níveis de transparência a todos os acordos contratuais para extracção de recursos, incluindo à contratação RFI. As principais preocupações estão realçadas nos requisitos da EITI, conforme resumidas no comentário de Clare Short: "com vista a resolver com eficiência as necessidades de infraestruturas e as disposições sobre trocas directas, a EITI exige que os intervenientes sejam capazes de adquirir uma compreensão integral dos acordos e contratos relevantes, das partes envolvidas, dos recursos que foram comprometidos pelo Estado, do valor do fluxo de benefícios (por exemplo, obras de infraestruturas) e da materialidade destes acordos relativamente a contratos convencionais [...] sendo necessário uma abordagem exaustiva destes acordos para cumprir os requisitos da EITI".

Outras preocupações fundamentais discutidas no estudo incluem uma estrutura orçamental sólida para gestão das receitas geradas após o pagamento do investimento em infraestruturas, medidas para assegurar a qualidade da infraestrutura e a integridade do processo de construção, bem como os acordos de operação e manutenção depois de concluída a infraestrutura. Nunca é demais afirmar a importância de medidas eficientes para a resolução destas questões.

Collier reconhece a natureza opaca de muitas das contratações RFI existentes em resultado de uma situação de monopólio no fornecimento destes acordos. Se houvesse mais fornecedores de acordos RFI, "por exemplo, se os doadores bilaterais se associassem com as empresas de recursos ou com as construtoras dos seus países", na sua opinião, o valor dos acordos RFI podia ser determinado por concurso. Até ao momento, no entanto, as propostas RFI surgiram sob a forma da chamada licitação não solicitada de empresas que procuram oportunidades, quer no sector extractivo quer no das infraestruturas, e em seguida fazem parceria com outras empresas e uma instituição financeira para criar um acordo bancário para oferecer ao governo (Wells 2013). As ofertas não solicitadas não são uma prática incomum nos sectores extractivo e da construção, e vários países têm legislação em vigor visando canalizar as propostas de infraestruturas não solicitadas para processos de licitação pública, incentivando assim o sector privado a propor conceitos de projectos potencialmente vantajosos mantendo, ao mesmo tempo, os benefícios de uma licitação aberta. O Chile e a República da Coreia são exemplos de países que utilizam um "sistema de bónus", segundo o qual um bónus de 5% a 10% é creditado na proposta original do proponente numa fase de concurso aberto para a licitação resultante da proposta de projecto não solicitada (Hodges e Dellacha 2007).

Wells defende que os países precisam de avaliar as propostas RFI à luz daquilo que, de outro modo, poderiam receber pelos seus recursos, e de quanto precisariam de pagar para financiar infraestruturas associadas, caso o financiamento viesse de outras fontes. Por outras palavras, para endereçar as questões de avaliação e dos riscos, a apreciação de uma opção RFI precisaria de, em primeiro lugar, comparar os custos estimados das infraestruturas dessa opção com os custos de modelos fiscais e de investimento convencionais, segundo os quais as receitas dos recursos entrariam no orçamento e a construção seria financiada pela despesa pública suportada por essas receitas.

Wells argumenta ainda que a maior parte das críticas feitas à RFI aplicam-se igualmente à contratação independente de projectos extractivos e de infraestruturas, e que não há muitas evidências para suportar a conclusão de que os acordos RFI estão associados com mais corrupção do que outros contratos extractivos e de construção nos mesmos países de acolhimento. Na sua opinião, a pouca capacidade dos países pobres para negociar com investidores estrangeiros habilitados e para aplicar os acordos realizados é um problema que tem de ser abordado de forma independente do RFI.

Muitos dos argumentos apresentados neste estudo e pelos comentadores visam ir além das posições a favor ou contra o RFI. Como Wells diz, "os modelos RFI não são nem bons nem maus para os países de acolhimento. Deverão ser avaliados como qualquer outro acordo negocial e cuidadosamente comparados com formas alternativas de obter retornos dos recursos naturais ou do financiamento de infraestruturas". Gelb refere que o estudo "faz distinções úteis entre os princípios subjacentes ao modelo RFI e as práticas passadas na sua execução, argumentando que as falhas na implementação não invalidam necessariamente os pontos bons da abordagem". Clare Short, Presidente da EITI, é de opinião que o estudo "fornece uma orientação útil sobre o modo como os governos podem assegurar uma boa governação e transparência quando se utiliza a extracção de recursos para financiar o desenvolvimento de infraestruturas. Proporciona aos formuladores de políticas, partes contratantes e comunidades afectadas um enquadramento para compreender e comparar os acordos RFI, monitorizar a sua execução e avaliar tanto as oportunidades como os riscos".

Notas

1. O Requisito 4.1 (d) da Norma EITI estipula que: o grupo de intervenientes múltiplos e o Administrador Independente têm a obrigação de analisar se existem acordos, ou conjuntos de acordos, envolvendo o fornecimento de bens e serviços (incluindo empréstimos, subvenções e obras de infraestruturas) pela troca integral ou parcial de concessões de produção ou exploração de petróleo, gás ou mineração ou a entrega física de tais matérias-primas. Para tal, o grupo de intervenientes múltiplos e o Administrador Independente precisam de obter um total entendimento dos termos dos acordos e contratos relevantes, das partes envolvidas, recursos que foram comprometidos pelo Estado, valor do fluxo de benefícios de compensação (por exemplo, obras de infraestruturas) e materialidade destes acordos relativamente a contratos convencionais.

2. Um aspecto fundamental dos acordos RFI é o comprometimento de receitas governamentais futuras para o serviço da dívida do actual investimento em infraestruturas. Neste sentido, o modelo RFI está intimamente relacionado com a prática mais comum de colaterização da dívida com as futuras receitas do petróleo. A Colaterização de Receitas Futuras (CFR) tem implicações na sustentabilidade da dívida pública (a capacidade do governo para servir outras dívidas fica mais reduzida) e pode ter implicações legais. Vários acordos de empréstimo, incluindo os do Banco Mundial no âmbito da janela do Banco Internacional para a Reconstrução e Desenvolvimento (BIRD) incluem cláusulas "negative pledge" que impedem os países mutuários de comprometer activos actuais ou futuros em favor de outro credor. Há uma distinção jurídica importante a reter entre acordos que dão origem a reclamações contra o Estado soberano ou uma empresa pública (acordos CFR "directos"), ou contra um veículo para fins especiais (SPV, acordos CFR "indirectos"). Os acordos CFR indirectos, por oposição a acordos CFR directos, estão sujeitos a algumas limitações legais. Estas transacções estão frequentemente estruturadas de forma a apenas darem a possibilidade de reclamar pagamentos da SPV e não do governo, como entidade de origem (ver FMI 2003).

3. Para uma panorâmica geral de projectos RFI em África, poderá consultar Alves (2013) e Foster et al. (2009).

PARTE 2

Infraestruturas Financiadas por Recursos Naturais: Origens e Questões

John J. Beardsworth, Jr. e James A. Schmidt

Declaração

Este estudo foi elaborado por John J. Beardsworth, Jr. e James A. Schmidt de Hunton & Williams LLP. O financiamento foi concedido pelo Banco Mundial. As constatações, interpretações e conclusões expressas nesta publicação são da inteira responsabilidade dos autores e não podem ser atribuídas, de modo algum, ao Banco Mundial ou suas organizações afiliadas, ou aos membros dos seus conselho de administração nem aos países que eles representam.

CAPÍTULO 1

Introdução

Transacções em "modo Angola". "Recursos para infraestruturas" "acordos" ou "swaps" ou "trocas directas". Foi criada uma nova forma de financiar estruturas em países que são ricos em recursos naturais — normalmente hidrocarbonetos ou minérios metálicos — mas pobres em infraestruturas essenciais para uma economia em crescimento. A forma destas transacções envolve um pacote em que (i) um governo concede uma licença de desenvolvimento e produção de recursos a um promotor privado e (ii) o governo recebe infraestruturas ao abrigo de um mecanismo de financiamento associado com a actividade em matéria de recursos

---

Caixa 1.1 Numa Palavra

O modelo de financiamento de infraestruturas por recursos naturais (RFI) é um modelo de financiamento segundo o qual um governo compromete as receitas futuras do projecto de desenvolvimento de recursos para reembolsar um empréstimo utilizado para financiar a construção de infraestruturas. A vantagem principal do modelo é que o governo pode obter as infraestruturas mais cedo do que lhe teria sido possível se tivesse de esperar por um projecto de recursos para produzir receitas. Este novo modelo de financiamento tem aspectos semelhantes a outros modelos de financiamento, e a utilização do modelo irá levantar questões da mesma forma que qualquer outro modelo levanta, seja ele utilizado para um projecto de desenvolvimento de recursos naturais ou para um projecto de construção de infraestruturas.

As transacções atraíram atenção por causa da novidade da abordagem e foram alvo de críticas porque a falta de transparência na negociação e execução dos acordos (sobretudo no que toca ao estabelecimento de um regime fiscal para a componente dos recursos e ao modo como os contratos de infraestruturas se relacionam com o mecanismo de financiamento) fomenta suspeitas de corrupção e de "self-dealing" entre os investidores (e seus mutantes) e os funcionários do governo envolvidos. A falta de transparência e as suspeitas de corrupção e de "self-dealing" são preocupações que, infelizmente, não se limitam a estas transacções mas surgem com demasiada frequência em vários países, tanto nos projectos de recursos naturais como nos de infraestruturas. Também surgiram críticas, como acontece com muitos projectos que utilizam formas tradicionais de financiamento, de que algumas das infraestruturas construídas através destes acordos são de má qualidade, envolveram projectos de "vaidade" que não satisfizeram as necessidades de desenvolvimento do país e/ou tiveram má manutenção (ou não foram sequer sujeitas a manutenção) e, consequentemente, se deterioraram rapidamente.

Estas críticas, mesmo quando justificadas em casos particulares, não significam necessariamente que o modelo de financiamento utilizado nestas transacções seja desajustado. Neste estudo, abordamos três pontos:

- Primeiro, examinamos as origens deste novo modelo, que nos parece que seria mais rigoroso chamar-lhe modelo de "infraestruturas financiadas por recursos naturais" (RFI), para determinar se havia mesmo necessidade de um novo modelo de financiamento.
- Segundo, desagregamos e descrevemos o modelo RFI e o modo como funciona em teoria, e como pode funcionar na prática. Reconhecemos que a execução do modelo para uma aplicação específica nas circunstâncias de um país particular irá provavelmente exigir determinados ajustamentos (como iria a implementação de qualquer outro modelo).
- Terceiro, identificamos e descrevemos as questões estruturais, financeiras e operacionais que os governos, investidores, doadores e outros intervenientes possam considerar quando adoptam um modelo RFI para aplicação numa transacção específica.

Constatamos que o modelo RFI tem as suas origens noutros modelos utilizados há décadas ou até há mais tempo por governos e empresas privadas e que preenche as lacunas entre aqueles modelos. Estas origens e lacunas ficarão mais claras à medida que vamos decompondo e descrevendo o modelo RFI e os modelos precursores que lhe deram origem. Em resumo, um projecto RFI inicia-se com o estabelecimento de um regime fiscal para uma componente de desenvolvimento e produção de recursos, como acontece com qualquer projecto de desenvolvimento de recursos naturais, e continua com o estabelecimento de uma linha de crédito baseada nos fluxos de receitas comprometidos pelo governo e provenientes da componente de recursos. Em seguida, o governo utiliza a linha de crédito para a construção de infraestruturas não associadas. A componente de infraestruturas de uma transacção RFI pode ser estruturada como um projecto de aquisições públicas, cuja propriedade é detida a 100% pelo Estado, ou como uma série de outras formas consistentes com uma transacção de parceria público-privada (PPP).

Constatamos que a utilização do modelo RFI irá levantar muitas das mesmas questões que existem nos modelos precursores e criar algumas novas questões que precisam de ser identificadas e abordadas para que uma transacção RFI tenha sucesso. O modelo RFI, em si, não é nem melhor nem pior do que qualquer outro modelo de financiamento. Se os riscos e questões forem identificados e adequadamente endereçados, somos de opinião que existem determinadas circunstâncias em que o uso do modelo RFI podem trazer benefícios substanciais para um país e seus cidadãos, sobretudo com a criação de um mecanismo de financiamento destinado a facilitar a construção de infraestruturas e, assim, estimular o crescimento económico e benefícios sociais, vários anos à frente do que teria sido possível no âmbito de qualquer outro modelo. No final, o sucesso de uma transacção RFI específica depende de uma adequada estruturação e execução.

CAPÍTULO 2

As Origens do Modelo de Infraestruturas Financiadas por Recursos Naturais

Não é claro se as autoridades governamentais e as equipas representantes dos investidores e mutuantes que negociaram as primeiras transacções, que podemos agora identificar como uma variante do modelo de Infraestruturas Financiadas pelos Recursos (RFI), sabiam que estavam a utilizar um modelo novo, ou se pensavam que estavam simplesmente a combinar modelos existentes de uma forma ligeiramente diferente. As equipas de negociação envolvidas conheciam, sem dúvida, os modelos disponíveis e estariam certamente a encontrar uma solução para uma lacuna existente nesses modelos. Ao tentar colmatar esta lacuna nas circunstâncias específicas da negociação, acabaram por criar algo que, em retrospectiva, podemos agora considerar como o nascimento de um novo modelo — o modelo RFI.

Neste capítulo, analisamos os "pais" do modelo RFI, os modelos que eram regularmente utilizados em todo o mundo, bastante antes do nascimento do modelo RFI. Resumimos as características principais de cada um dos modelos e, em seguida, procedemos a um diagnóstico SWOT (pontos fortes, fraquezas, oportunidades e ameaças) de cada um. No fim deste capítulo, identificamos as lacunas dos modelos existentes e que o RFI preenche. Salientamos que cada um destes modelos, quando aplicado a transacções específicas, pode ser substancialmente modificado para contemplar circunstâncias específicas da transacção ou considerações do mercado mais genéricas, que mudam ao longo do tempo em função das condições dos mercados financeiros mundiais.

Modelo Clássico de Desenvolvimento de Recursos Naturais

O modelo clássico de desenvolvimento de recursos naturais (figura 2.1) há muito que é utilizado para projectos de hidrocarbonetos, minérios/minerais e outros orientados para as exportações. Para os projectos do sector extractivo, a transacção tem por base um regime de licenciamento, geralmente a lei do petróleo ou a lei da exploração mineira, ao abrigo do qual um promotor pode candidatar-se à exploração e eventualmente ao desenvolvimento e/ou licenças de produção.

O modelo clássico de desenvolvimento de recursos começa com uma lei sobre o desenvolvimento de recursos que define os procedimentos segundo os quais os investidores podem candidatar-se a licenças de exploração, ou por vezes apresentar propostas. Em muitos casos, em particular em actividades de exploração de recursos que não sejam hidrocarbonetos, é permitido a um investidor candidatar-se a uma

Figura 2.1 Exemplo do Modelo Tradicional de Desenvolvimento de Recursos

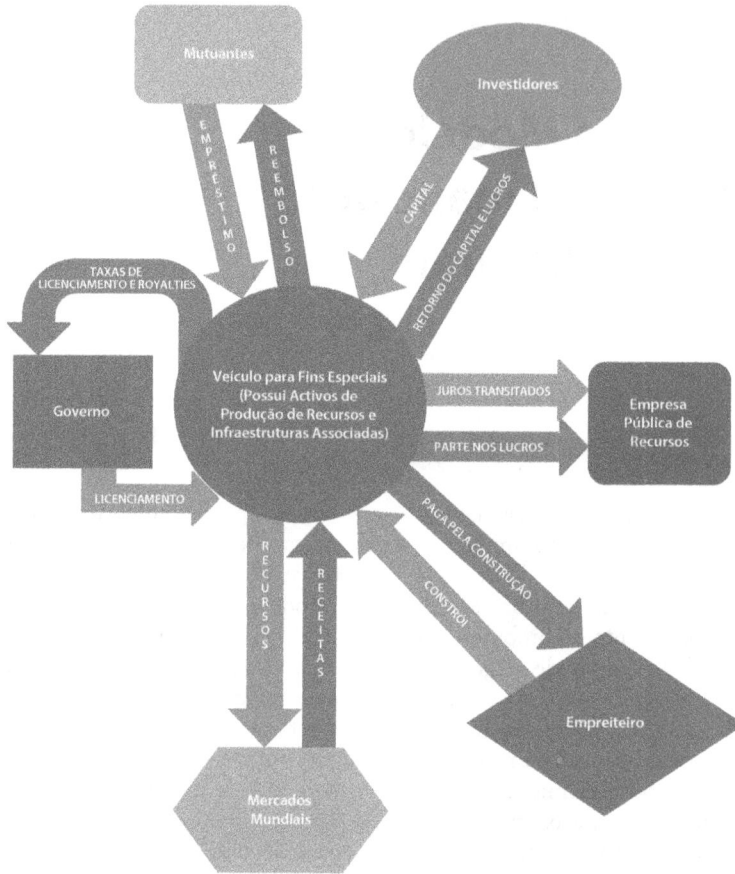

Fonte: Autores.

licença de exploração cobrindo uma certa área geográfica. A licença, quando concedida, terá um prazo específico e permanecerá em vigor enquanto o investidor realizar diligentemente as actividades de exploração. As actividades de exploração são executadas com investimentos de capital e, geralmente, têm um elevado risco de insucesso. Mesmo quando os indicadores geológicos iniciais apontam para a probabilidade de um recurso natural, é difícil encontrar um depósito de dimensão ou de qualidade suficiente para ser comercialmente explorado, utilizando as tecnologias correntes.

Caixa 2.1 O Investidor

Neste estudo referimo-nos a um "investidor" ou a um "promotor" como se esta entidade permanecesse constante ao longo das fases de pré-desenvolvimento, desenvolvimento e execução de um projecto. Esta abordagem serve para compreender as origens do modelo de infraestruturas financiadas por recursos (RFI) e as questões a serem endereçadas quando se contempla uma transacção RFI. Contudo, nos projectos reais ao abrigo da maior parte dos modelos, o investidor não é uma entidade única e imutável. Pode ser um consórcio de várias empresas, e o consórcio pode ter os seus membros alterados ao longo do tempo, em especial no caso de transacções de recursos

a caixa continua na página seguinte

Infraestruturas financiadas por recursos naturais • http://dx.doi.org/10.1596/978-1-4648-0602-5

Caixa 2.1 O Investidor *(continuação)*

desde a fase de exploração à fase de desenvolvimento. A identidade do investidor nas transacções sob o modelo de financiamento do projecto e de parceria público-privada tende a mudar com menos frequência antes de o projecto conseguir o financiamento, particularmente quando os documentos de transacção limitam a capacidade do investidor inicial reduzir a sua participação no capital entre a fase de adjudicação e o fim da fase de construção e, com frequência, durante algum período da fase de operações de um projecto. À medida que muda a identidade do investidor ao longo do tempo, no âmbito de uma transacção, mudarão também os talentos e recursos disponíveis para o projecto, bem como as questões e as posições negociais do investidor.

Normalmente, o investidor tem de partilhar com o governo os resultados da sua exploração, o que em muitas situações inclui amostras representativas das suas actividades de perfuração. Se o investidor abandonar a sua actividade e renunciar à licença de exploração, outras partes interessadas poderão analisar essas informações e decidir se querem realizar novas actividades de exploração nessa área, potencialmente para recursos diferentes. Mesmo quando se localiza um recurso desejado, pode às vezes levar vários anos para a realização de actividades de exploração adicionais, em número suficiente para determinar a dimensão provável do depósito e os custos prováveis do desenvolvimento do recurso natural e da sua colocação no mercado. Se e quando o investidor decidir prosseguir, o investidor candidatar-se-á a uma licença de desenvolvimento e promoção; se o investidor decidir não continuar, o investidor renunciará aos seus direitos para a exploração da área. *Para fins deste estudo, a conclusão principal extraída desta discussão é que não existe oportunidade para se realizar uma transacção RFI enquanto o investidor em recursos estiver na fase de exploração porque não existe forma de prever os fluxos de receitas antes da fase de desenvolvimento.*

No sector dos hidrocarbonetos, em particular para a exploração de petróleo e de gás, vários governos definiram blocos de exploração que são leiloados ou postos à venda a preços fixos. As licenças de exploração para esses blocos requerem que o detentor realize actividades de exploração diligentes e contínuas. Após a descoberta de um recurso, é normalmente necessário um tempo adicional para verificar o volume do recurso com segurança suficiente para que o investidor decida se pretende converter a licença de exploração numa licença de desenvolvimento e produção.

Quando um investidor se sente confiante de que se confirma a existência de um recurso comercialmente viável, seja ele hidrocarboneto ou de outra ordem, o investidor abordará o governo e tentará converter a sua licença de exploração numa licença de desenvolvimento e produção. O processo de conversão da licença de exploração em licença de desenvolvimento e produção é definido pela lei de recursos relevante, havendo a capacidade de discrição em certas áreas tipicamente reservadas para a negociação do governo com cada investidor. Em alguns casos, a conversão da licença de exploração pode incluir a afectação de áreas de exploração adicionais adjacentes à área da licença de desenvolvimento e produção, tanto para proteger o investidor de concorrência, como para permitir a recuperação de investimentos no caso da área de desenvolvimento primária produzir montantes de recursos inferiores aos esperados. Após a concessão de uma licença de desenvolvimento e produção, o investidor trará capital (na forma de dívida ou de participação no capital ou, mais provavelmente uma combinação de ambas) para o seu projecto destinado às actividades de desenvolvimento e produção. O financiamento necessário é normalmente significativo e o investidor procura um retorno do investimento (incluindo o reembolso da dívida) ao longo do tempo, mediante a venda dos recursos em mercados mundiais. Os investimentos são normalmente "circunscritos" para fins específicos, em que os fundos utilizados para desenvolver um determinado recurso (de uma área de licença de produção petrolífera, por exemplo) são reembolsados com as receitas desse recurso, sendo distribuídos os lucros das receitas que excedam os montantes do investimento e do funcionamento. A estrutura típica afecta as receitas do recurso ao longo do ciclo do projecto para garantir, em primeiro lugar, que os custos de desenvolvimento são recuperados na íntegra e, depois, que os lucros são alocados. Assim, é provável que um governo receba um fluxo de receitas modesto nos anos iniciais da produção do recurso e um fluxo de receitas maior numa fase posterior. Ao avaliar se vai ou não fazer um investimento, um investidor analisará os preços previstos dos recursos ao longo do tempo, o montante e valor dos recursos comprovados no terreno (conforme estabelecido durante a fase de exploração), os custos de extracção e processamento do recurso e a entrega do produto nos mercados mundiais.

O papel do governo no modelo clássico de desenvolvimento de recursos é, principalmente, o de um regulador, emitindo e executando licenças através de determinados direitos de participação, que também podem estar reservados a uma empresa pública de recursos naturais. Através destes mecanismos reguladores e de outros poderes, o governo aplicará as leis ambientais e sociais pertinentes e quaisquer outras leis que se apliquem à actividade de desenvolvimento de recursos.

Caixa 2.2 Riscos de um Papel Duplo

Quando uma empresa pública de recursos naturais passa a ser "investidor", o governo ficará, em essência, nos dois lados das negociações para fins de emissão e execução das licenças de desenvolvimento e da produção de recursos. Nas transacções do modelo de financiamento de projecto, o governo pode assumir dois papéis na medida em que se torna um mutuante do projecto, um proprietário parcial do projecto ou o único aquiridor do projecto. Num modelo de parceria público-privada (PPP), como se discute abaixo, o governo irá provavelmente desempenhar dois papéis.

Sob o ponto de vista de um modelo de transacção, seja ele um modelo RFI (Infraestruturas Financiadas por Recursos Naturais), o modelo de financiamento de projecto, ou o modelo PPP, trata-se de um processo objectivo para analisar e separar os papéis duplos, ou até mesmo múltiplos do governo. Os papéis duplos podem fornecer uma outra fonte de receitas para o governo, se o projecto for bem-sucedido, e podem também proporcionar ao governo algumas indicações quanto às operações da companhia, através da participação no conselho de administração.

Mas apesar dos benefícios que se podem somar, os papéis duplo ou múltiplo de um Estado em transacções de grande volume também deram origem a muitos problemas ao longo do tempo, em especial quando o governo perde o incentivo para fazer valer os seus direitos decorrentes das licenças e dos contratos, ou os padrões ambientais ou sociais, por medo de que a empresa pública envolvida perca a sua parte dos lucros. Estes problemas são especialmente graves quando o mesmo ministério governamental é igualmente responsável pela negociação e execução das licenças e pelos documentos do projecto, e pela supervisão das operações da empresa pública de recursos.

Uma discussão exaustiva dos riscos associados com papéis duplos em projectos principais ultrapassa o âmbito deste estudo mas sugerimos que, no mínimo, os governos garantam pelo

a caixa continua na página seguinte

Caixa 2.2 Riscos de um Papel Duplo *(continuação)*

menos que os mesmos indivíduos não estão envolvidos em ambos os lados das negociações ou não têm essa responsabilidade quando surgir uma potencial situação adversa entre o governo e a empresa do projecto.

As receitas governamentais dos projectos de recursos naturais assumem a forma de royalties e impostos, e/ou direitos de partilha de produção, em conformidade com o disposto na lei e declarado na licença pertinente. Na medida em que existe uma empresa pública que detém acções no projecto ou que exerce direitos de participação reservados, como juros pagos ou diferidos, o governo pode receber receitas adicionais através de dividendos. Acresce que, em projectos de desenvolvimento de recursos, em certos países o promotor pagou "bónus de assinatura" ao governo ou à empresa pública parceira.

Ao desenvolver um projecto de extracção de recursos, o promotor pode fazer investimentos fora do local dos recursos, com vista a levar os produtos para o mercado ou para atrair trabalhadores para o local. Estes investimentos podem incluir estradas, linhas férreas, *pipelines*, instalações portuárias, instalações para trabalhadores, clínicas, edifícios e casas de comércio nas áreas de instalações dos trabalhadores, etc. Embora possam ter algum benefício público, estes investimentos em "infraestruturas associadas" destinam-se primariamente a facilitar a extracção de recursos. Tradicionalmente, a empresa de desenvolvimento de recursos paga, explora e detém (ou retém o direito de uso) das infraestruturas associadas durante o projecto de extracção de recursos.

Apresenta-se no quadro 2.1 uma análise SWOT do modelo clássico de desenvolvimento de recursos.

Quadro 2.1 Modelo Clássico de Desenvolvimento de Recursos

Pontos Fortes	*Fraquezas*
• Modelo bem conhecido e muito utilizado globalmente.	• A supervisão do governo é geralmente deficiente devido à disparidade financeira entre o promotor e o regulador.
• Compreendido por promotores, governos e mutantes.	• Frequentemente, longos períodos entre a emissão de licenças de desenvolvimento e produção pelo governo e o recebimento das primeiras receitas pelo estado.
• Desenvolvimento da comunidade frequentemente necessário na área de desenvolvimento de recursos.	
• Investimento a custo e risco dos promotores e mutantes; produtos vendidos aos mercados mundiais, e não há risco de preços excessivos para o governo.	• Os promotores têm incentivos para construir as necessárias infraestruturas associadas, mas nenhum para contribuir de outro modo para as metas de desenvolvimento do país.
• Iniciativas Globais, como a Iniciativa para a Transparência das Indústrias Extractivas (EITI) têm por objectivo o uso de transparência.	• Frequentemente, não há possibilidade de concorrência, sobretudo para minerais duros. São leiloados, às vezes, blocos de exploração de petróleo/gás.
• Exposição do governo aos custos é limitada: os investimentos são realizados pelos promotores.	• Incerteza no financiamento pode resultar em longos períodos de espera até à execução.

a quadro continua na página seguinte

Quadro 2.1 Modelo Clássico de Desenvolvimento de Recursos *(continuação)*

Oportunidades	Ameaças
• Os investimentos em infraestruturas associadas podem trazer empregos e serviços para áreas fora da zona de licenciamento dos recursos.	• Leis sobre recursos ou mineração inadequadas podem tornar as transacções pouco transparentes, criando riscos políticos.
• Governos têm uma grande margem de negociação na altura em que se negociam as licenças de desenvolvimento e produção.	• O uso de "bónus de assinatura" pode parecer corrupção, se os fundos não forem claramente aplicados nas contas nacionais.
	• Possibilidade de distúrbios sociais se o desenvolvimento de recursos (i) parecer criar uma riqueza considerável para os promotores de recursos, antes de os benefícios se fazerem sentir entre a população, ou (ii) parecer não proporcionar nenhum benefício local (por oposição a benefício nacional).

Fonte: Autores.

Modelo Clássico de Aquisição de Infraestruturas pelo Estado

Há muito que os governos adquirem e constroem infraestruturas para os cidadãos. Estes projectos têm sido financiados com receitas de impostos, através da emissão de obrigações e, ocasionalmente, com o recurso a empréstimos bancários. Os países em desenvolvimento já há bastante tempo que utilizam subvenções e financiamento concessional (do Banco Mundial e outros) para o desenvolvimento de infraestruturas. Os países ricos em recursos em fase de produção, com receitas decorrentes de royalties e impostos dos recursos pagos ao estado e com dividendos pagos à empresa pública participante na indústria de extracção de recursos têm capacidade para financiar investimentos substanciais em infraestruturas.

Ao abrigo do modelo tradicional de aquisição de infraestruturas pelo Estado (figura 2.2) não existe um promotor privado e, quando são utilizados fundos soberanos, não há necessidade de desenvolver um modelo financeiro para mostrar aos mutuantes ou investidores que cada investimento em infraestrutura específico irá produzir receitas suficientes para "reembolsar" o investimento. Muitos da maioria dos elementos de infraestruturas básicas (tais como estradas, escolas, sistemas de distribuição de electricidade e hospitais) podem não produzir directamente quaisquer receitas significativas mas são largamente considerados como elementos essenciais para o crescimento económico — os quais, por seu turno, irão provavelmente dar origem a mais receitas fiscais. O governo pode decidir qual a infraestrutura a construir e quando a construir — assumindo que ele tem de pagar os investimentos, ou contrair empréstimos para tal.

Um governo pode impor regras de concorrência directamente a nível de contrato de construção porque um governo prepara um concurso público para os contratos de engenharia, aquisições e construção (EPC) e serviços de engenharia, entre outros. Por outro lado, um governo pode pedir a empresas públicas de projecto e construção civil (por exemplo, supervisionadas pelo ministério das estradas) para implementar o projecto directamente. Mas mesmo neste caso, ainda haveria provavelmente um concurso para fornecimento de equipamento e matérias-primas. A eficácia do processo de concurso em qualquer nível depende de quão bem especificados estão os documentos do concurso e da transparência do processo usado de acordo com as leis sobre aquisições aplicáveis. Quando os projectos são financiados por mutuantes ou por entidades que concedem subvenções, essas fontes de finan-

Figura 2.2 Exemplo do Modelo Tradicional de Aquisição de Infraestruturas pelo Governo

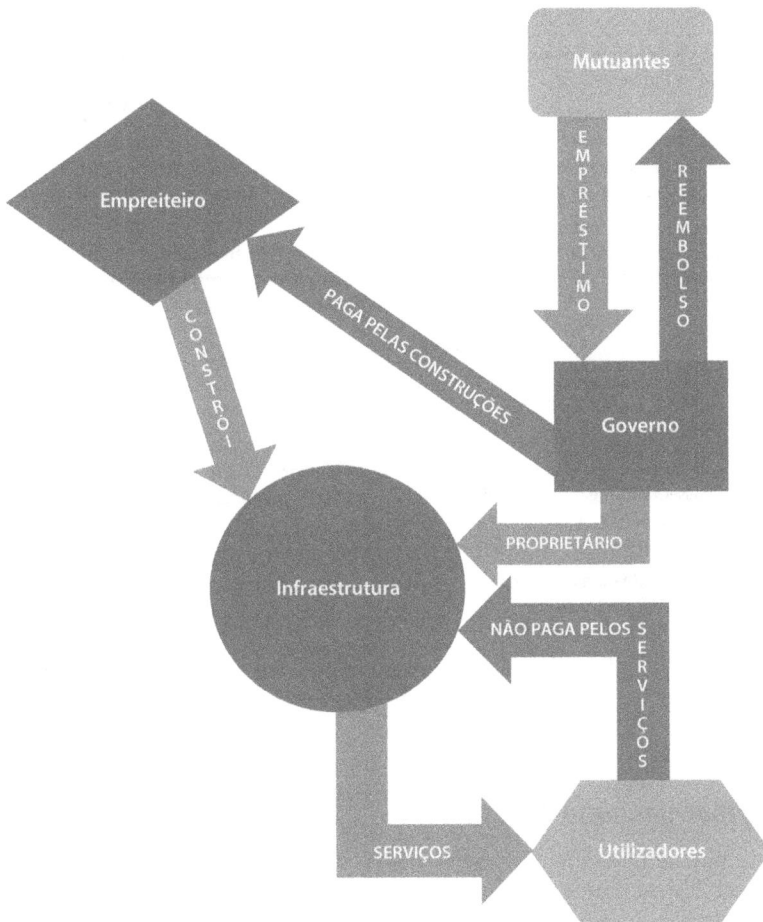

Fonte: Autores.

ciamento podem também impor requisitos relativamente a processos de concurso e/ou envolver consultores para supervisão da construção, muitas vezes na forma de ajuda vinculada.

O sector privado, na medida em que estiver envolvido, servirá como contratante do governo. Por exemplo, as empresas de construção podem apresentar propostas para construir estradas ou edifícios sem terem qualquer participação na propriedade do projecto. Em alguns casos, tanto em países desenvolvidos como em desenvolvimento, houve situações de corrupção na forma de preços inflacionados do contrato, acompanhados de pagamentos de luvas aos políticos e funcionários corruptos. Uma lei de aquisições públicas sólida, com procedimentos transparentes para as licitações, pode minimizar estas ocorrências.

No quadro 2.2 apresenta-se uma análise SWOT do modelo tradicional de aquisições de infraestruturas pelo estado.

Quadro 2.2 Modelo Clássico de Aquisição de Infraestruturas pelo Estado

Pontos Fortes	Fraquezas
• O Governo pode decidir qual a infraestrutura que quer desenvolver e em que altura. • Os projectos de infraestruturas podem ser justificados com base no crescimento económico, sem ter em conta as receitas em dinheiro geradas por cada componente específica. • Possibilidade de concurso para contratação de empreiteiros de construção ou de fornecimento de equipamento e materiais.	• A capacidade para construir infraestruturas depende da disponibilidade de fundos, seja de receitas de impostos ou de empréstimos contraídos. • Os empréstimos de base concessional contraídos pelo governo incidem frequentemente na construção de novas infraestruturas, em vez de na manutenção ou operação prudente dos activos existentes. • Alguns dos fundos de subvenção são afectados para projectos de "vaidade", que normalmente não têm uma boa manutenção depois da construção.
Oportunidades	Ameaças
• O uso pelo governo de supervisores de obra dos trabalhos de engenharia pode melhorar a qualidade de construção. • Uma análise sólida de custos e benefícios de cada projecto pode assegurar que o desenvolvimento da infraestrutura será feito de uma forma prudente e devidamente faseada. • Um processo bem organizado para apreciação dos projectos e contratantes pode resultar numa maior transparência e inclusão das partes interessadas, levando ao apoio político e comunitário.	• Risco de corrupção já que funcionários que administram os projectos de construção podem ser tentados por subornos. • Procedimentos inadequados de aquisições públicas podem conduzir a contratos pouco transparentes. • A aceitação de empréstimos para "ajuda vinculada", mesmo numa base concessional, pode levar a custos inflacionados dos projectos de infraestruturas. • Enfoque no desenvolvimento de novas infraestruturas, em vez de na manutenção dos activos existentes, pode conduzir à rápida deterioração dos activos em infraestruturas.

Fonte: Autores

Modelo de Financiamento de Projectos

Comparando com os modelos discutidos acima, o modelo de financiamento de projectos (figura 2.3) tem uma origem mais recente. O Financiamento de Projectos como um modelo tornou-se a maneira chave de trazer capital privado para as transacções de infraestruturas nos países em desenvolvimento até ao fim da década de 80 e continua a ser um modelo dinâmico perante as diferentes condições do mercado de crédito, dos termos dos contratos de construção e dos tipos de projectos que os governos decidem externalizar ao sector privado. Também é um modelo de financiamento principal, utilizado pelo sector privado em todo o mundo para investimentos fora do sector das infraestruturas.

Antes da introdução do modelo de financiamento de projectos, as empresas desenvolviam projectos com base na solidez dos seus balanços. Cada projecto empreendido era desenvolvido através de: (i) vendas de acções ao nível de empresa, (ii) utilização de lucros retidos de todas as actividades da empresa e/ou (iii) dívida da empresa, seja através de emissão de obrigações ou contracção de dívida bancária inscrita no balanço da empresa. Esta abordagem permitia que se alavancassem todos os activos da empresa para apoiar novos negócios ou expandir actividades mas também significava que qualquer actividade nova de grande envergadura apresentava o risco potencial de se "apostar a empresa". O risco de que qualquer nova actividade podia arrastar a empresa inteira para a falência tornou alguns conselhos de administração muito cautelosos e travou tanto a expansão como a inovação. Contudo, ao abrigo do modelo de financiamento do projecto, uma empresa podia proteger o seu balanço global, limitando a sua exposição aos investimentos feitos

Figura 2.3 Exemplo do Modelo de Financiamento do Projeto

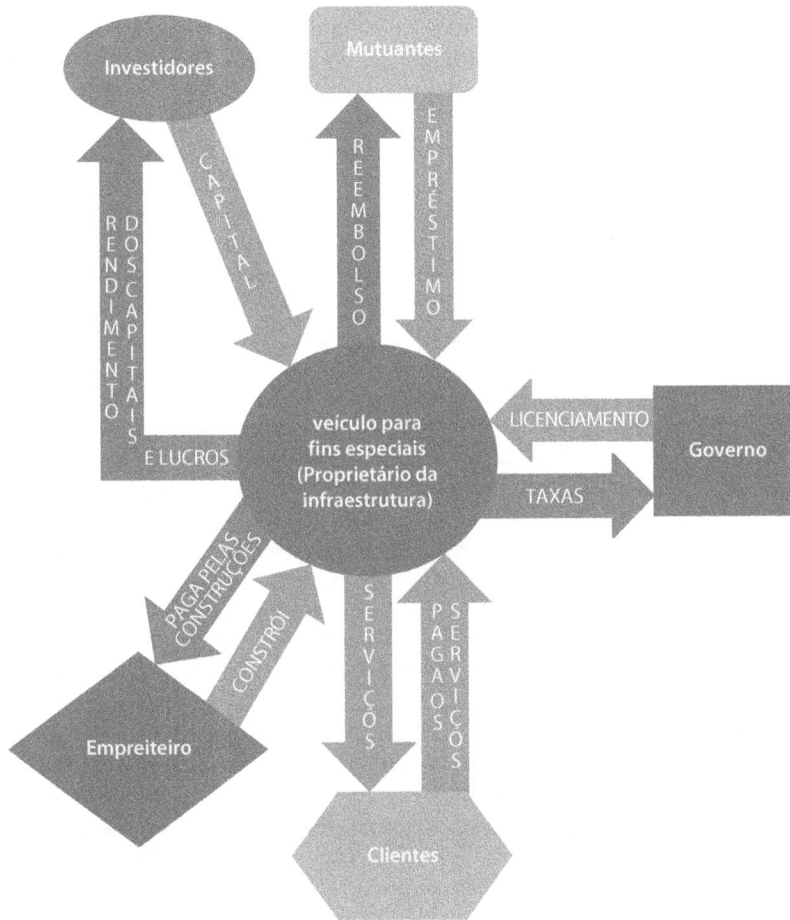

Fonte: Autores.

em cada projecto, pelo que o insucesso de um projecto não resultaria numa perda superior ao capital comprometido para aquele projecto. Esta inovação possibilitou que empresas estabelecidas realizassem investimentos em novas actividades ou em novas localidades, protegendo simultaneamente o resto do balanço.

Ao longo do tempo, o modelo de financiamento do projecto também foi adoptado por promotores novos, dinâmicos e mais pequenos que pudessem atrair capital e dívida suficientes para financiar um projecto. Estes promotores trouxeram competências técnicas para as áreas importantes de um projecto; competências no domínio financeiro, com a criação de documentos de projectos financeiramente viáveis, concebidos para obter fluxos de caixa positivos ao longo de todo o ciclo de funcionamento do projecto; e competências de gestão necessárias para administrar eficientemente um negócio ao longo das fases de desenvolvimento, construção e operacional.

Nas transacções de infraestruturas, no âmbito do modelo de financiamento do projecto, um promotor ou um governo em primeiro lugar identifica e define um projecto de infraestrutura em que o sector privado pode participar. O promotor interessado estrutura o projecto para proteger o seu balanço de uma exposição ilimitada ao projecto, focalizando-se assim na sustentabilidade independente do projecto ao longo do tempo. Esta blindagem significa que o projecto tem de produzir, ou a previsão de produzir, receitas suficientes numa base mensal para pagar (i) as suas operações e (ii) para pagar um retorno do investimento. Por outras palavras, o projecto tem de ser visto como sendo capaz de produzir receitas suficientes para justificar o investimento e fluxos de caixa regulares para assegurar que o projecto irá cobrir as suas despesas mensais. Promotores, seus mutuantes e o governo, todos eles entendem que se o projecto não trouxer receitas suficientes, ou se essas receitas não tiverem o nível suficiente para assegurar o pagamento das contas mensais — ou por causa do fraco trabalho de desenvolvimento por parte do promotor (ou dos seus contratantes), falta de pagamento pelos compradores (especialmente se uma entidade governamental for o único comprador, como num projecto de energia independente [IPP] que vende a uma empresa pública de distribuição de electricidade) ou por qualquer outra razão (período alargado de força maior, por exemplo) — então o próprio projecto será um insucesso. Num caso destes, não há possibilidade de recurso para o promotor, governo ou qualquer outra entidade, para além do definido nos documentos da transacção. Assim, o projecto é invariavelmente realizado por um veículo para fins especiais (SPV), que corresponde a uma empresa criada e financiada exclusivamente para fins de realização do projecto.

O modelo de financiamento de projectos é semelhante às fases de desenvolvimento e produção do modelo clássico de desenvolvimento de recursos naturais mas é consideravelmente diferente desse modelo. Para projectos de recursos, o trabalho inicial de exploração, que pode exigir fundos substanciais, é realizado numa base de participação no capital a 100%, e as oportunidades para licitar concorrencialmente as actividades de exploração são muito limitadas, excepto, conforme dito acima, para certas actividades de exploração de petróleo/gás. Quando um promotor de recursos tem uma licença de exploração e faz uma descoberta, normalmente tem o direito de converter essa licença numa licença de desenvolvimento e produção, altura em que o projecto pode ser considerado financiável por causa da existência de recursos prováveis, se não mesmo provados. Contudo, no modelo de financiamento de projecto, o montante do investimento inicial em capital, exigido antes de o projecto poder ser considerado financiável, é normalmente muito inferior do que seria ao abrigo de uma licença de exploração de recursos e depende sobretudo da identificação de um projecto adequado, do desenvolvimento de documentação apropriada (incluindo licenças) e da criação de um modelo financeiro que revele fluxos de caixa positivos em cenários viáveis.

O papel do governo numa transacção com modelo de financiamento de projecto é, na essência, conceder as licenças necessárias e depois, deixar ocorrer o desenvolvimento e operação do projecto. Em alguns casos, o governo pode também actuar como o organismo responsável pelo concurso, directamente ou através de uma agência, sobretudo quando uma empresa pública for o único comprador do projecto (como no exemplo acima de IPP). Acontece com frequência em países em desenvolvimento, quando o próprio comprador não tiver capacidade de crédito (e, consequentemente, as promessas dessa entidade de pagar ao abrigo de um contrato de compra não conferem solvabilidade ao SPV), poder ser necessária uma garantia do governo para viabilizar o financiamento do projecto. Contudo, contrariamente ao modelo de desenvolvimento de recursos naturais, e em especial para projectos de infraestruturas, os resultados do modelo de financiamento do projecto são normalmente utilizados internamente. Relativamente à acessibilidade económica, o preço do produto é mais preocupante para o governo do que no âmbito do modelo de recursos, onde a produção é tipicamente vendida nos mercados globais.

No caso de uma transacção de financiamento de projecto realizada pelo sector privado, as receitas do governo são provenientes sobretudo dos impostos sobre os lucros da empresa. Quando existir uma componente de recursos no projecto, como uma central eléctrica alimentada a carvão ou uma central eléctrica alimentada a gás natural produzido localmente, o governo também irá receber royalties dos recursos (como no caso de uma transacção de modelo de desenvolvimento de recursos, descrita acima). No entanto, o benefício primeiro para o governo é que o governo consegue que se desenvolva uma infraestrutura, a qual presta serviços que os cidadãos do país estão dispostos a pagar, sem para isso ter de utilizar os seus fundos próprios. O segundo benefício principal para o Estado é que o proprietário do sector privado terá um incentivo para fazer os pagamentos relativos às operações e manutenção (O&M) correntes ao longo da vida prevista do investimento do projecto. Com vista a baixar os encargos para os cidadãos, principalmente nos primeiros anos de funcionamento, quando o serviço da dívida será alto, os governos dão frequentemente isenções temporárias de impostos para tornar os produtos ou serviços prestados pelo SPV mais acessíveis ou repassam o financiamento concessional para baixar os preços cobrados pelos serviços.

No quadro 2.3, apresenta-se uma análise SWOT do modelo de financiamento do projecto.

Quadro 2.3 Modelo de Financiamento do Projecto

Pontos Fortes	Fraquezas
• O governo pode obter serviços de infraestruturas sem ter de comprometer fundos estatais em dinheiro.	• Os investimentos em infraestruturas exigem previsões dos fluxos de caixa regulares e atempados para o financiamento.
• A participação do sector privado traz conhecimentos especializados em matéria de desenvolvimento e operações.	• Não funciona quando a projecção é de receitas inexistentes ou insuficientes, sem o recurso a apoios/subsídios soberanos.
• A dependência dos fluxos de caixa para reembolsar os investimentos motiva o proprietário a manter os activos ao longo da vida económica do projecto.	• Difícil de estruturar quando os fluxos de caixa são irregulares ou feitos em montantes acumulados.
• Modelo bem conhecido dos investidores, mutuantes e outros intervenientes.	• Necessário montante substancial de trabalho prévio para definir o projecto antes de submeter a licitação, incluindo definir os objectivos de políticas subjacentes.
Oportunidades	Ameaças
• Projectos bem estruturados para sectores onde as projecções de receitas que apoiam o investimento são atractivas para investidores e credores.	• Projectos mal estruturados podem resultar em encargos incomportáveis para a população.
• Inovação financeira e comercial cria oportunidade para mais projectos.	• Documentos de licitação inadequadamente preparados podem resultar no baixo interesse dos investidores, ou em atrasos consideráveis entre o concurso e o financiamento.
• Os governos, que preparam bem documentos de licitação e oferecem apoios adequados, irão atrair propostas competitivas.	• Necessidade de um forte enquadramento jurídico e de políticas para assegurar procedimentos de licitação transparentes e proporcionar segurança aos investidores e mutuantes.

Fonte: Autores.

Modelo de Parceria Público-Privada

O modelo PPP (figura 2.4) de transacções de infraestruturas é o mais recente, ou com mais exactidão, o que recebeu mais recentemente o nome de modelo de

Figura 2.4 Exemplo do Modelo de Parceria Público-Privada

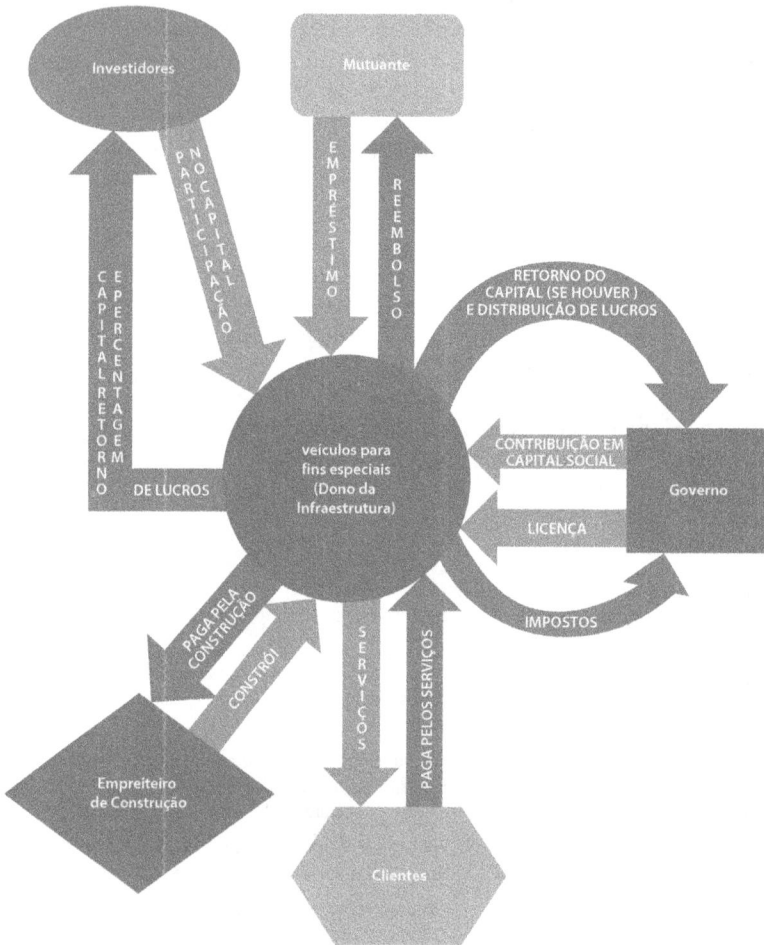

Fonte: Autores.

financiamento de infraestruturas entre os quatro precursores do modelo RFI. O *modelo PPP* tornou-se um termo comum para um modelo independente ao longo dos últimos 15 anos. Assemelha-se ao modelo de financiamento de projecto e pode considerar-se como uma variante deste, mas o modelo PPP deixa mais margem para participação do governo, tanto no início como ao longo do tempo. Este modelo é muito utilizado quando se tiver considerado uma transacção de modelo de financiamento de projecto mas que não funcionará por causa da necessidade de preencher a lacuna no domínio de riscos do projecto, aquilo que só o governo pode fazer. Em virtude das muitas maneiras como pode ser aplicado, trata-se de um modelo muito flexível.

No âmbito de um modelo PPP, um governo toma a decisão de convidar o sector privado a participar (tanto com financiamento como com especialização) num projecto e pode oferecer coinvestimento em projectos adequados. O modelo PPP pode ser visto como uma derivação da abordagem francesa aos serviços públicos, intitulada "concession", desenvolvida muitos anos atrás. Nesta abordagem, uma agência estatal ou município que possua uma entidade de serviços públicos (um sistema de abastecimento de água, por exemplo) decide obter do sector privado a O&M desse sistema, juntamente com a transferência de responsabilidade pelos investimentos em curso por um período de vários anos. A "concessão" resultante é uma PPP para a prestação desses serviços. Noutras situações, um governo pode oferecer transferir terra ou outros activos existentes, juntamente com licenças livres, em troca por uma participação no projecto SPV. Como acontece com o modelo de financiamento de projecto, o modelo PPP pode ser efectuado através de um concurso público. Dependendo da estruturação das componentes da transacção, as receitas não têm de pagar o investimento integral, desde que as receitas cubram as despesas de O&M do projecto, que o serviço da dívida dos empréstimos esteja em nome do SVP e os retornos no investimento de capital no do promotor.

Em muitos países, os promotores têm sido atraídos pela inteira gama de projectos PPP. Em alguns casos, um projecto PPP pode ser pouco mais do que um contrato de gestão para um único negócio. Na outra extremidade da escala, um projecto PPP pode ser quase idêntico a um em regime de financiamento do projecto, já que muitos dos projectos no modelo de financiamento de projecto precisam da participação do governo, como por exemplo o uso de uma instalação ou local industrial existente, em troca de uma participação minoritária no capital social. Em última análise, tanto o promotor privado como o governo podem declarar que são "parceiros" para o fornecimento de serviços de infraestruturas numa transação de infraestruturas ao abrigo de um modelo PPP. Esta flexibilidade torna o modelo robusto e funcional.

Apresenta-se uma análise SWOT do modelo PPP para transacções de infraestruturas no quadro 2.4 abaixo.

Quadro 2.4 Modelo de Parceria Público-Privada

Pontos Fortes	Fraquezas
• Modelo muito flexível, que deixa espaço considerável para estruturar transacções específicas destinadas a satisfazer as necessidades do governo e de outras partes interessadas.	• Flexibilidade significa que cada transacção tem de ser cautelosamente desenvolvida numa base individual; modelos múltiplos para uma PPP têm de ser cuidadosamente analisados.
• A participação do governo pode reduzir a percepção de risco dos investidores privados.	• Quando a transacção não for financiada com base em fluxos de receitas provenientes do projecto específico, será necessário um apoio constante ao projecto pelo governo.
• Uma partilha apropriada dos riscos pode limitar a exposição do governo a uma má actuação do investidor privado e a exposição do investidor privado aos riscos económicos ou de mercado fora do seu controlo.	• Os projectos com um desempenho deficiente podem exigir um apoio público substancial, a menos que o governo esteja disposto a deixar falhar o projecto.
Oportunidades	Ameaças
• A flexibilidade do modelo permite aos governos atrair conhecimentos especializados e competências de gestão do sector privado em áreas anteriormente vedadas ao sector privado.	• A má preparação e/ou execução dos projectos pode resultar em lucros excessivos para o parceiro do sector privado e/ou no inadequado desempenho dos serviços contratuais.
• Um processo de licitação transparente e a cuidadosa preparação dos projectos trarão resultados óptimos para os governos	• A parceria estatal no projecto não isenta o governo da obrigação de monitorizar o projecto e de efectuar a supervisão regulamentar.
• A mobilização da experiência do sector privado, para apoiar os objectivos das políticas públicas identificados, aumenta a sustentabilidade.	• Os projectos com mau desempenho podem resultar na falência da empresa do projecto, a menos que os investidores no capital social, mutuantes ou o governo forneçam fundos adicionais.

Fonte: Autores.

Infraestruturas financiadas por recursos naturais • http://dx.doi.org/10.1596/978-1-4648-0602-5

Atenção às Lacunas

Analisamos os quatro modelos que estavam em uso na altura em que surgiu o modelo RFI. Evidentemente que estes modelos foram úteis em muito projectos, mas também é evidente que estes modelos deixaram lacunas que continuaram sem ser preenchidas. Quais eram estas lacunas?

- O modelo clássico de desenvolvimento de recursos é uma forma excelente de os governos monetizarem os seus recursos naturais e obterem fundos para fornecimento de infraestruturas públicas. **Mas** o tempo entre o "primeiro passo" na actividade de extracção e o início do "fluxo de receitas" do governo, que poderia ser utilizado para se obter infraestruturas, era geralmente próximo dos 10 anos. A lacuna a preencher consistia em encontrar uma forma de o governo obter as infraestruturas sem esperar pelo fluxo de receitas.

- O modelo tradicional de aquisição de infraestruturas pelo governo oferece uma forma clara para um governo identificar e obter infraestruturas, mas apenas na medida em que os fundos o permitam. O governo pode precisar de justificar o investimento aos doadores e outros potenciais mutuantes com base num modelo de crescimento económico ou noutros parâmetros genéricos de saúde e bem-estar, mas não há necessidade de demonstrar as receitas directamente desse investimento específico. **Mas** nos países em desenvolvimento, a capacidade para obter fundos, mesmo através do endividamento soberano, era limitada e muitos países em desenvolvimento, embora ricos em recursos naturais, tinham esgotado a sua capacidade de angariação de fundos através deste modelo. Ainda pior, o facto de, em muitos casos, os doadores estarem dispostos a financiar a construção de infraestruturas (e até incentivaram os governos a usar os fundos disponíveis para este fim) e de se ter dado pouca atenção ou esforços para garantir a sua sustentabilidade. Assim, com uma fraca O&M, muitos projectos de infraestruturas dispendiosos ruíram, deixando os governos com infraestruturas inutilizáveis e com dívidas soberanas elevadas. A lacuna a preencher era encontrar uma forma de permitir a um governo obter infraestruturas para serviços essenciais, mesmo quando não conseguia angariar fundos ou contrair empréstimos num plano soberano.

- O modelo de financiamento do projecto é uma forma excelente de um governo atrair investimentos em infraestruturas na base de sem recurso para o governo, já que o sector privado assume os riscos de conclusão e operação, mas apenas quando o fluxo de caixa é suficiente para cobrir os custos de funcionamento e de capital de um projecto numa base atempada. Assim, este modelo é muito útil para o financiamento, por exemplo, de telecomunicações, electricidade, turismo e investimentos em aeroportos, onde se pode contar que os clientes comerciais e da classe média vão pagar os serviços e que o sector privado tem capacidade para gerir os riscos associados com a conclusão e operação. **Mas**, nos países em desenvolvimento, são muitos os serviços essenciais de que a população precisa, incluindo água potável, escolas primárias e estradas melhoradas. Os governos sabem que o fornecimentos destes serviços essenciais irá fomentar o crescimento económico que irá elevar os rendimentos e, consequentemente, as receitas tributárias mas também sabem que, até que o crescimento se inicie, uma parte da população não está em condições de pagar por estes serviços essenciais. A lacuna a preencher era encontrar uma via que permitisse ao governo obter infraestruturas com a participação do sector privado, numa base sem recurso, quando não se prevê que as receitas do projecto possam pagar esse investimento.

Infraestruturas financiadas por recursos naturais • http://dx.doi.org/10.1596/978-1-4648-0602-5

- O modelo PPP fornece uma forma clara e flexível para um governo atrair investimentos em infraestruturas. Os riscos de conclusão e operação são assumidos pelo sector privado para os projectos com um fluxo de caixa claro (seja das receitas do projecto, de outra fonte de receitas comprometida, de um compromisso de pagamento por parte do governo ou de uma combinação de fontes), suficiente para cobrir os custos de funcionamento e de capital do promotor. A flexibilidade do modelo inspirou uma grande variedade de abordagens criativas e tornou o modelo mais útil para projectos com receitas marginais, ou onde o governo podia contribuir com activos existentes para baixar os custos de capital do projecto e, desta forma, os encargos para os utilizadores. *Mas* por muito flexível que este modelo seja, a sua utilização não podia evitar a verdade inegável que os investimentos precisam de ser pagos e que é necessário um fluxo de caixa seguro e previsível, proveniente de alguma fonte específica, mesmo no caso de um compromisso de pagamento de receitas pelo estado ser insuficiente para assegurar o financiamento da infraestrutura. A lacuna a preencher era encontrar forma de identificar um fluxo de tesouraria que permitisse o financiamento de uma infraestrutura, numa base sem recurso para o estado, permitindo em simultâneo o tipo de flexibilidade inerente ao modelo PPP para obter os benefícios da participação do sector privado em matéria de prestação dos serviços essenciais do Estado.

O desenvolvimento do modelo RFI foi impulsionado pela necessidade de preencher estas lacunas em projectos onde o governo estava empenhado em obter infraestruturas adicionais para os seus cidadãos, um promotor estava empenhado em obter acesso a recursos naturais valiosos e um mutuante estava interessado em conceder empréstimos para conectar e facilitar a consecução deste dois desejos.

CAPÍTULO 3

Infraestruturas Financiadas por Recursos (RFI).

O modelo de Infraestruturas Financiadas por Recursos (RFI) (figura 3.1) é um mecanismo segundo o qual um governo pode obter infraestruturas essenciais sem ter de produzir receitas suficientes para suportar o seu financiamento. Isto funciona quando um governo quer envolver o sector privado no projecto e também pretende que o projecto seja construído com financiamento limitado ou sem recurso para proteger o tesouro nacional de uma exposição ao crédito. Isto funciona quando um governo não tem correntemente fundos disponíveis e não pode contrair empréstimos numa base soberana,talvez por força de convenções com o Fundo Monetário Internacional (FMI) ou outras agências doadoras. Isto funciona quando um governo tem um recurso natural para o qual concede a um promotor privado uma licença de desenvolvimento e produção e, como parte desse processo de licenciamento, ou potencialmente a par ou na sequência da concessão da licença, o governo pode contrair um empréstimo dando como garantia o fluxo de receitas previsto do projecto de desenvolvimento de recursos naturais.

Essencialmente, o modelo RFI envolve um processo de três passos ligados entre si:

- Acordar a licença de desenvolvimento e produção com um promotor de recursos que pretenda converter a licença de exploração numa licença de desenvolvimento e produção. Quando emitida, a licença de desenvolvimento e produção tem de ter uma data assente para o desenvolvimento e um regime fiscal que proporcione fluxos de receitas inequívocos para o governo quando ocorrer a fase de produção de recursos. Estes fluxos de receitas podem incluir créditos ou royalties da partilha de produção, outras receitas tributárias e os dividendos a pagar a qualquer entidade pública com participação no capital do projecto.
- Assegurar o interesse do governo em alguns ou todos os fluxos de receitas que irá receber do projecto de produção de recursos, destinados a um mutuante em troca de uma linha de crédito a ser reembolsada (tanto o capital principal como os juros acumulados) exclusivamente a partir do fluxo de receitas. Por exemplo, o governo pode prometer apenas os royalties da produção, ou pode comprometer todas as receitas. Em alguns casos, sobretudo nos acordos de partilha de produção de hidrocarbonetos, os activos comprometidos podem incluir os direitos do governo (directamente ou através de uma empresa petrolífera nacional) a receitas provenientes da venda da sua quota de "petróleo ou gás com custo" e de "petróleo ou gás com lucro". Quanto maior for o fluxo de receitas prometido, maior será a linha de crédito que o governo consegue obter.

Figura 3.1 Exemplo de um Modelo de Infraestrutura Financiada por Recursos em que o Governo Detém a Propriedade da Componente de Infraestrutura

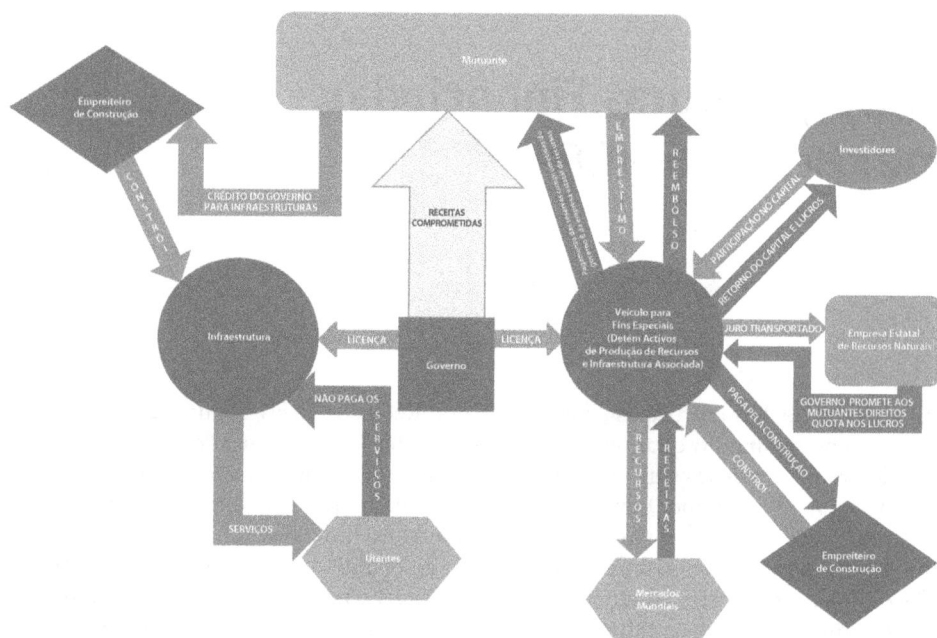

Fonte: Autores.

- Aceder à linha de crédito do governo destinada à obtenção de infraestruturas mediante a contratação com as entidades especializadas no desenvolvimento e construção dos tipos de infraestruturas a serem construídas. A linha de crédito forneceria os fundos para a construção e, potencialmente, operações e manutenção (O&M) da infraestrutura, e o reembolso da dívida seria feito a partir dos fluxos de receitas comprometidos e provenientes do projecto de produção de recursos. Uma vez reembolsada a dívida, ou que as receitas anuais excedam o montante que precisa de ser reembolsado em qualquer ano, o saldo do fluxo de receitas dos recursos seria pago ao governo.

Caixa 3.1 Três Contrapartes Estatais para um Projecto?

Como descrito acima, um governo que use o modelo de infraestruturas financiadas por recursos (RFI) faria acordos separados com um promotor de recursos (para a licença de desenvolvimento e produção), com um mutuante (para a linha de crédito) e com um promotor de infraestruturas (para a componente de infraestruturas). É importante que os intervenientes enderecem separadamente estas componentes e os interesses e riscos diversos que cada parte tem nas fases de estruturação, negociação e execução. Considerando que uma transacção RFI é um conjunto interligado de três interacções, é claro que tal coloca o governo no meio e no controlo do processo.

A caixa continua na página seguinte

Caixa 3.1 Três Contrapartes Estatais para um Projecto? *(continuação)*

Mas a experiência até ao momento revela, contudo, que à medida que os governos começaram a negociar transacções RFI, as três contrapartes frequentemente formaram alianças e coordenaram as suas posições. Às vezes, o promotor de recursos assume a responsabilidade pela coordenação da construção das infraestruturas. Outras vezes, o mutuante irá oferecer financiamento concessional desde que se utilizem determinados empreiteiros, que até podem não ter as competências óptimas para os tipos de infraestruturas que o governo precisa. Algumas vezes, as negociações iniciam-se a um nível intergovernamental, onde se faz uma proposta para investimento directo estrangeiro (IDE), tanto em produção de recursos, como na construção de infraestruturas, na base de "negócio em pacote", fazendo parte do negócio o financiamento de um banco estatal de desenvolvimento.

Daí que um governo tentasse promover os interesses das suas empresas de recursos e de construção em mercados estrangeiros e utilizar a assistência oficial ao desenvolvimento para aprofundar estes interesses comerciais. O governo anfitrião, entretanto, precisa igualmente de se assegurar de que protege os seus interesses nacionais. Por vezes, o consórcio que os investidores oferecem como parte do pacote global pode ser o mais acertado para a transacção. Pode também ser o caso de o promotor de recursos ser o mais apto para realizar a construção da infraestrutura. Mas nem sempre. Ao considerar e ao negociar separadamente as três componentes de uma transacção RFI, e ao determinar se um participante do consórcio proposto é ideal para cada componente, aumenta-se consideravelmente a probabilidade de um governo alcançar sucesso numa transacção RFI.

O Modelo de Infraestruturas Financiadas por Recursos Naturais: Semelhante aos seus Progenitores, mas um Filho Único

O modelo RFI tem por base o modelo clássico de desenvolvimento de recursos na medida em que começa com a identificação de um licenciado para realizar um projecto de desenvolvimento de recursos. A diferença está em que aquele modelo pode, como se discute abaixo, necessitar que se encontre um licenciado para o desenvolvimento dos recursos que possa trazer consigo um mutuante para o projecto. Este mutuante pode estar interessado em fornecer ao governo o crédito para o desenvolvimento de infraestruturas, numa base sem recursos face ao compromisso de o governo disponibilizar o fluxo previsto de receitas futuras provenientes do projecto de desenvolvimento de recursos (figura 3.2).

O modelo RFI tem por base o modelo de financiamento de projecto na medida em que envolve a construção de novas infraestruturas através de financiamento, sem recursos, baseado em fluxos de receitas projectadas (e comprometidas). Mas difere no que respeita ao facto de os fluxos de receitas comprometidas não serem as receitas resultantes do investimento em infraestruturas propriamente dito, mas dos fluxos futuros de receitas do Estado decorrentes da componente de desenvolvimento de recursos.

O modelo RFI baseia-se igualmente no modelo clássico de aquisição de infraestruturas pelo Estado na medida em que o governo pode decidir qual a infraestrutura que quer construir com a linha de crédito, da mesma maneira que o governo pode — dentro dos limites constantes em qualquer documento de empréstimo — decidir qual a infraestrutura que vai construir com um mecanismo de empréstimo

Figura 3.2 Exemplo de um Modelo de Infraestruturas Financiadas por Recursos com um Co-investidor de PPP na Componente de Infraestruturas

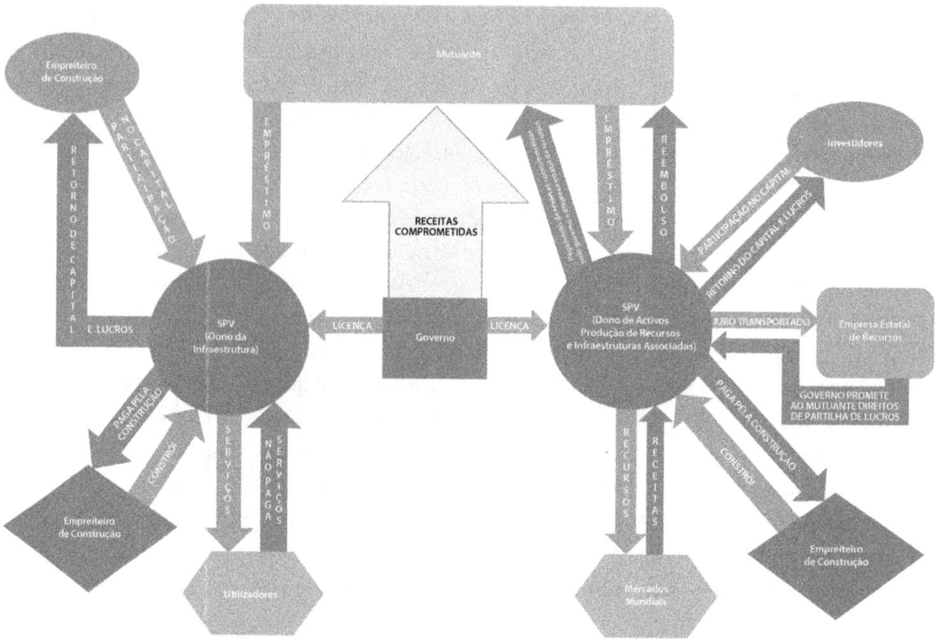

Fonte: Autores.
Nota: SPV - veículo para fins especiais; PPP - parceria público-privada

soberano. O modelo RFI é diferente daquele modelo já que o governo financia a infraestrutura, não através de dívida soberana, mas com um empréstimo de não recursos contra os seus futuros fluxos de receitas provenientes da componente de desenvolvimento de recursos naturais. No caso de a componente de desenvolvimento de recursos falhar ou de produzir receitas abaixo das previstas, o governo não seria responsável pela quebra de receitas, como o seria ao abrigo de um acordo de empréstimo soberano.

E, por último, o modelo RFI baseia-se no mesmo modelo flexível PPP, na medida em que o processo de construção de infraestruturas pode envolver o sector privado numa série de formas. O modelo RFI é diferente do modelo PPP na medida em que uma transacção RFI envolve o desenvolvimento de recursos, um comprometimento das receitas estatais do projecto de recursos e a construção de infraestruturas, mas a construção da infraestrutura não necessita de envolver o sector privado na qualidade de investidor no capital ou parceiro. Como se refere abaixo, somos de opinião que incorporar características do modelo PPP nas componentes de construção da infraestrutura de uma transacção RFI iria provavelmente gerar benefícios consideráveis para um governo.

Nos capítulos seguintes, analisamos uma série de questões financeiras, estruturais e operacionais que o modelo RFI apresenta e que é recomendável considerar, antes de decidir utilizar uma abordagem RFI numa transacção específica. A título de visão geral da nossa análise destas questões, no quadro 3.1 apresenta-se um resumo da análise SWOT do modelo RFI.

Quadro 3.1 Modelo de Infraestruturas Financiadas por Recursos

Pontos Fortes	*Fraquezas*
• O modelo proporciona uma nova oportunidade de financiamento para os governos dos países ricos em recursos e que precisam de infraestruturas básicas.	• O novo modelo ainda não é bem conhecido ou utilizado pela maioria dos mutuantes e investidores; assim, existem poucos (ou nenhum) exemplos de uma execução bem-sucedida.
• A componente de recursos tem por base o modelo bem conhecido de desenvolvimento de recursos.	• A utilização de dívida para construir infraestruturas com o reembolso associado a fluxos de receitas oriundas de um projecto de desenvolvimento de recursos irá provavelmente criar juros capitalizados mais altos do que com outros modelos.
• Os governos podem comprometer fluxos de receitas futuras para obter uma linha de crédito para desenvolver infraestruturas.	
• As componentes de infraestruturas podem ser desenvolvidas quer como aquisição pública directa quer através de tipos de estruturas de PPP.	• O modelo RFI não pode ser utilizado durante o período de licenças de exploração de recursos porque o fluxo de receitas das actividades de produção de recursos precisa de garantir com segurança o reembolso da linha de crédito do governo.
• O governo pode obter um financiamento com recursos, limitado ou inexistente, para a construção de infraestruturas, com base nas receitas previstas ou comprometidas da componente de recursos.	

Oportunidades	*Ameaças*
• Quando o governo não pode utilizar o modelo de financiamento do projecto e não pode obter créditos soberanos para o desenvolvimento de infraestruturas, um modelo de transacção RFI oferece uma nova oportunidade de desenvolvimento e crescimento económico.	• Os governos têm de assumir a responsabilidade pela boa concepção, boa supervisão e boa execução das componentes de infraestrutura.
• O modelo RFI é mais apropriado para projectos que estimulem o crescimento económico ou criem benefícios sociais superiores aos custos relacionados com o crédito contraído pelo governo.	• Como o mutuante considerará os fluxos comprometidos de receitas dos recursos como um meio de reembolso, não é provável que dedique a mesma atenção às componentes de infraestruturas como numa transacção de financiamento de projecto.
• As receitas do governo provenientes da componente de recursos que ultrapassem os fundos necessários para reembolsar a linha de crédito permanecem propriedade do Estado e seriam pagas ao Estado.	• A sustentabilidade corrente das infraestruturas precisa de ser considerada antes do início da construção, ou a infraestrutura pode deteriorar-se rapidamente.
	• As limitações contratuais relativas à aquisição de infraestruturas nos termos da linha de crédito ao governo podem ser um incentivo ao uso de empreiteiros menos qualificados ou resultar em custos de construção desproporcionadamente elevados.

Fonte: Autores.
Nota: PPP = Parceria Público-Privada

Experiência Inicial em Transacções de Infraestruturas Financiadas por Recursos Naturais

Até à data, foram poucas as transacções do tipo de infraestruturas financiadas por recursos (RFI) e só existe informação pública em relação a algumas delas. Observadores externos dessas transacções, de organizações não-governamentais (ONG) aos parlamentos nacionais, levantaram questões quanto à justiça e valor das transacções, bem como suspeitas de má-fé (ou pior) de ambos os lados do negócio. É claro que qualquer transacção, ao abrigo de qualquer modelo, pode ser executada de forma deficiente ou corrupta; não existe nenhum elemento particular no modelo RFI que origine níveis mais altos destes riscos. Mas a novidade do modelo RFI, e uma falta generalizada de conhecimento sobre ele, criou níveis elevados de suspeição, o que, combinado com uma falta de transparência, resultou em dúvidas da opinião pública.

Acresce que as partes (governos, promotores e mutuantes), que realizaram as primeiras transacções que agora podem ser consideradas como as primeiras do modelo RFI, podem não ter compreendido as implicações da sua nova abordagem. Só em restrospectiva é que as transacções podem ser designadas como deficientes, em particular as componentes de construção das infraestruturas, mesmo quando a estrutura global da transacção RFI, conforme executada, tenha sido essencialmente robusta.

A limitada informação pública sobre as primeiras transacções do tipo RFI, em particular aquelas que dizem respeito a componentes de construção de infraestruturas, pode frustrar os observadores externos, empenhados em melhorar a transparência dos contratos governamentais. Pode também ser considerada uma consequência razoável das preocupações no domínio da confidencialidade que surgem em qualquer modelo, em especial no que toca ao preço das infraestruturas. Como acontece no sector de desenvolvimento de recursos, um esforço coordenado para aumentar a transparência da contratação governamental de infraestruturas seria um exercício da maior utilidade.

Nos capítulos seguintes, analisamos um certo número de questões específicas recolhidas da documentação disponível até à data em matéria de transacções do tipo RFI. Afigura-se-nos que existem algumas questões-chave que todos os intervenientes deverão considerar antes de utilizarem o modelo RFI para uma transacção específica. Não é uma lista exaustiva e não inclui a lista muito mais longa de questões que surgirão na negociação e finalização de transacções RFI específicas. Os três capítulos seguintes centram-se em questões de carácter financeiro, estrutural e operacional.

Caixa 4.1 Programação do Modelo?

O modelo de infraestruturas financiadas por recursos (RFI) pode ser apropriado para uma transacção quando (i) um governo não conseguir obter recursos suficientes, numa base soberana, para construir as infraestruturas necessárias; (ii) as infraestruturas necessárias não produzirem receitas suficientes para disponibilizar fundos sob a forma de financiamento de um projecto; e (iii) o governo tiver um recurso natural em relação ao qual está a ser negociada uma licença de desenvolvimento e produção e que possa ser associada às componentes de linha de crédito e de infraestruturas. Esta conclusão não significa, no entanto, que o modelo RFI apenas pode ser utilizado depois de esgotadas todas as fontes de crédito soberano, ou somente até as transacções de financiamento do projecto ou de parcerias público-privadas poderem atrair o interesse de investidores numa base individual.

Mesmo quando um governo estiver a contemplar uma transacção RFI, pode haver sectores (como telecomunicações ou produção de electricidade) em que se possa utilizar o modelo de financiamento de projecto ou de PPP. Um governo irá também obter receitas numa base constante a partir de impostos, vendas de activos e outras fontes, e uma parte desses fundos pode ser utilizada para a construção de infraestruturas.

Por outras palavras, não existe nenhum "calendário" nem conjunto de marcos que todos os países tenham de considerar quando passam de um modelo de financiamento para outro. Assim, é provável que, por causa do custo dos projectos RFI (conforme discutido abaixo), o modelo RFI seja mais adequado apenas quando se projecta que um novo projecto de recursos aumente materialmente os fluxos de receitas do governo dentro de alguns anos. Como a dimensão do fluxo de receitas projectadas de cada novo projecto de receitas tem de crescer pelo menos tão depressa quanto a economia do país para poder ser considerada "material", o projecto RFI tem a probabilidade de ser mais utilizado em economias pequenas e pouco desenvolvidas e menos utilizado à medida que a economia cresce, altura em que serão mais comuns projectos sob o modelo de financiamento do projecto e de PPP, e em regime de aquisição directa pelo governo. Mas até mesmo numa economia consideravelmente desenvolvida, uma descoberta de recursos naturais de larga escala pode tornar atractiva uma transacção do tipo RFI.

CAPÍTULO 5

Questões Financeiras

Decompor as Principais Características Financeiras

Como se discutiu acima, as principais características do financiamento sob a forma de infraestruturas financiadas por recursos (RFI) são de três tipos. Em primeiro lugar, uma transacção RFI exige uma componente de desenvolvimento de recursos que se prevê fornecer um fluxo de receitas para o governo à medida que os recursos começam a chegar ao mercado e a actividade no domínio dos recursos alcança rendibilidade. Como acontece com qualquer outro projecto de desenvolvimento de recursos, existe uma considerável incerteza e risco na avaliação do fluxo futuro de receitas do governo provenientes da componente de recursos. Em primeiro lugar, as avaliações iniciais dos recursos durante a fase de exploração podem revelar-se incorrectas quando o desenvolvimento começa, ou as avaliações iniciais do custo de desenvolvimento e produção podem estar subestimadas. Seja por estas razões ou porque os preços globais do recursos baixaram, o investidor pode abandonar o projecto de desenvolvimento de recursos, resultando na inexistência de receitas. Ou, de forma menos drástica:

- O fluxo de receitas do governo pode começar bastante mais tarde do que inicialmente previsto, em caso de derrapagem do calendário de desenvolvimento de recursos.
- O montante do fluxo de receitas pode ser significativamente inferior ao previsto se, por exemplo:
  - o montante dos recursos produzidos for mais baixo do que se previa, quer em qualquer um dos anos quer globalmente.
  - o custo de extracção for mais alto do que o previsto.
  - o preço de venda do recurso for mais baixo do que o previsto.

Estes riscos no domínio das receitas afectam tanto o promotor de recursos como o governo mas afectam muito mais o promotor de recursos (e seu mutuante) do que o governo. O promotor tem de comprometer fundos consideráveis para começar a fase de desenvolvimento de recursos, incluindo para a construção de infraestruturas associadas. As receitas só ocorrem quando os primeiros recursos são produzidos e chegam ao mercado. O risco do governo (de receber receitas mais baixas e mais tarde do que o previsto na altura que a licença de produção de receitas é concedida) é que tenha seleccionado e concedido a licença ao promotor "errado" e que um outro promotor pudesse ter desenvolvido os recursos mais depressa e mais barato, e conseguido preços mais altos.

Segundo, uma transacção RFI exige que se atribua um valor ao fluxo de receitas previsto da componente de produção de recursos e que se decida hoje quanto desse fluxo previsto de receitas se vai receber de empréstimo e investir em infraestruturas. Este cálculo pode ser tão simples como determinar quanto um mutuante concordaria emprestar face ao fluxo de receitas previsto numa base sem recursos. A experiência de que dispomos até hoje indica que um mutuante, que utilize o modelo financeiro de desenvolvimento de recursos (ou seja, um mutuante que tenha decidido fazer um empréstimo ao promotor de recursos destinado ao desenvolvimento da componente de extracção de recursos), estará em melhor posição para acordar emprestar mais, contra o comprometimento do fluxo previsto de receitas do governo resultantes desse mesmo projecto de extracção de recursos.

Da mesma maneira que o promotor de recursos tem um limite para o empréstimo que pode contrair para realizar a componente de recursos (sendo o resto injectado como fundos próprios), também há um limite para a quantidade do fluxo previsto de receitas que um mutuante está disposto a emprestar a um governo. O cálculo do limite dos empréstimos que o governo pode assumir estará relacionado com um certo número de factores, em particular a análise de sensibilidade feita sobre o nível de certeza do fluxo de receitas do governo em termos do montante e ao longo do tempo, e a firmeza das disposições sem recurso no acordo de crédito no caso do fluxo de receitas comprometido se revelar inadequado para reembolsar o empréstimo em dívida durante o período em que as receitas do governo funcionam como garantia.

Caixa 5.1 Financiamento por Antecipação de Receitas

Uma variante do modelo das Infraestruturas Financiadas por Recursos (RFI) seria utilizada numa situação em que tenha sido licenciado um projecto de desenvolvimento de recursos, esteja a concluir-se o processo de desenvolvimento e a iniciar-se a produção. À medida que o fluxo de receitas do governo começa a ocorrer fruto do pagamento de royalties, esta nova fonte de receitas poderia ser dada como garantia de um novo empréstimo. O resultado, a que poderíamos chamar um modelo de "Financiamento por Antecipação de Receitas" (RAF), pode também ser utilizado sempre que um governo tenha uma fonte específica de receitas, a qual não pode estar comprometida para outro serviço da dívida existente, e que não seja necessária para as despesas governamentais correntes. O modelo RAF seria muito idêntico ao modelo RFI, excepto que o governo não teria o benefício de obter previamente os anos de infraestruturas antes do início do fluxo de receitas dos recursos. Por outro lado, o risco do fluxo de receitas não se concretizar seria muito mais baixo e a previsibilidade da corrente de receitas seria muito mais alta, uma vez iniciada a produção. E porque os fundos estariam disponíveis para pagar o empréstimo das infraestruturas após a conclusão de cada infraestrutura, o custo da infraestrutura (incluindo juro acumulado antes do início da amortização do empréstimo) seria também mais baixo.

O modelo RAF envolveria uma análise adicional do projecto de produção de recursos e a actualização do modelo financeiro do fluxo de receitas do governo, um acordo quanto ao mecanismo de crédito relativo à caução desse fluxo de receitas (como no modelo RFI) e, em seguida, a contratação das infraestruturas, quer através de aquisição pelo governo quer através de uma parceria público-privada (PPP) (como no modelo RFI).

Em terceiro lugar, uma transacção RFI implica a utilização da linha de crédito resultante do comprometimento do esperado fluxo de receitas provenientes da componente dos recursos. Existem dois aspectos importantes desta componente. A primeira é decidir qual a infraestrutura em que se vai investir, e a segunda é a contratação dessa obra. Em teoria, um governo observaria os seus procedimentos normais de concurso para conduzir uma licitação internacional aberta com vista a obter a melhor qualidade e preço para a infraestrutura, utilizando o crédito obtido, através da garantia do fluxo previsto de receitas referente à componente de recursos, para pagar pela infraestrutura. Na prática, porque a maior parte das transacções até à data envolveram financiamento concessional, o "custo" de um financiamento concessional corresponde à utilização do crédito de acordo com as regras de aquisição do mutuante, o que pode limitar as fontes a partir das quais os bens e serviços podem ser adquiridos com os fundos do crédito. Esta realidade não é exclusiva das transacções RFI mas aplica-se em muitos casos em que se disponibiliza financiamento concessional a um governo.

A utilização de um mecanismo de crédito assente no comprometimento de um fluxo previsto de receitas numa transacção RFI para a aquisição de infraestruturas levanta o problema de determinar qual o montante da linha de crédito que se considera imparidade ou a levantar para cada projecto. É uma questão única e, na nossa opinião, mal compreendida que afecta os projectos RFI. A questão pode ser evidenciada com dois exemplos.

Consideremos uma transacção de infraestruturas no modelo de financiamento de projecto que requer um empréstimo de USD 100 milhões com uma taxa de juro de 5% e que é levantado em prestações mensais iguais ao longo do período de construção de 24 meses. Durante o período de construção aplica-se um juro simples e, no fim do período de 24 meses, soma-se à importância do empréstimo inicial, um valor de USD 5 milhões de juros acumulados, o que torna o passivo da dívida num total de USD 105 milhões. No fim da construção, começam as receitas e não se acumulam juros adicionais a somar ao montante do empréstimo em dívida.

Vamos agora considerar uma transacção RFI em que se constrói a mesma infraestrutura e que requer o mesmo empréstimo de USD 100 milhões, desembolsado ao longo do mesmo período de construção de 24 meses. Mas vamos supor que o acordo de empréstimo determina que o juro acumula, não apenas nos dois primeiros anos de construção da infraestruturas (o que seria igual aos USD 5 milhões na data da encomenda da infraestrutura), mas que esse juro continua a acumular por um período de seis anos (ou seja, durante quatro anos após a data da encomenda da componente da infraestrutura), durante o qual a componente de recursos da transacção RFI está em fase de desenvolvimento. Partamos do princípio que a componente de recursos fica concluída no prazo e que o fluxo previsto de recursos do governo é imediatamente suficiente para fazer o serviço do empréstimo da infraestrutura, pelo que mais nenhuns juros se somam ao montante principal do empréstimo após o sexto ano. O montante principal do empréstimo, na altura em que o projecto de recursos começa a produzir receitas para o governo, não seria apenas os USD 105 milhões do momento em que a infraestrutura ficou concluída mas seria antes USD 125 milhões, reflectindo quatro anos adicionais de juros capitalizados a 5% ao ano sobre os USD 100 milhões, assumindo uma taxa de juro simples. Ambos os exemplos dados ignoram qualquer efeito de capitalização periódica dos juros acumulados, o que só contribuiria para aumentar o défice entre os saldos do financiamento do projecto e do empréstimo RFI no início do reembolso.

Como mostram estes exemplos, o que teria sido uma dívida de USD 105 milhões numa transacção de financiamento do projecto, onde o serviço da dívida começa imediatamente após a conclusão da componente das infraestruturas, passa a uma dívida de USD 125 milhões numa transacção RFI, porque a amortização começa quatro anos mais tarde, quando a componente de recursos começa a produzir o fluxo de receitas que o governo comprometeu para reembolso do empréstimo. Ambas as dívidas se baseiam nos mesmos custos de engenharia, aquisições e construção (EPC) de USD 100 milhões; a diferença está nos juros acumulados.

A discussão acima comprova que, quando se pode construir uma infraestrutura numa base de financiamento de projecto, esta será menos dispendiosa do que a utilização de um mecanismo de crédito RFI para um projecto de construção do mesmo montante. Por outro lado, como o modelo de financiamento do projecto só pode ser utilizado quando as receitas do projecto forem suficientes para pagar os custos do projecto, um crédito RFI pode ser a opção menos cara para se obter infraestrutura essencial que não consegue gerar receitas suficientes para suportar uma transacção de financiamento de projecto.

Caixa 5.2 Pagar os Juros?

Alguns críticos sugeriram que os custos das infraestruturas no âmbito de uma transacção de infraestruturas financiadas por recursos (RFI) podem ser "reduzidos" se o governo simplesmente pagar os juros após a conclusão das componentes de infraestruturas, até se iniciar o fluxo das receitas de recursos comprometidas. Numa situação destas, o empréstimo, incluindo os juros capitalizados, seria igual ao montante do empréstimo numa transacção de financiamento do projecto. É uma sugestão relativamente atractiva porque é verdade que a infraestrutura adquirida com uma linha de crédito numa transacção RFI estará associada ao significativo custo adicional dos juros capitalizados.

Mas são dois os problemas desta sugestão. Primeiro, mesmo que o governo tenha fundos suficientes para pagar juros sobre o empréstimo para infraestruturas, provavelmente poderá dar melhor uso a esses fundos (como, por exemplo, adquirir infraestruturas adicionais ou pagar pela manutenção das infraestruturas existentes) e depois pagar os juros de um empréstimo que, de outra forma, não teria sido preciso. Segundo, embora os juros estejam a acumular e venham a ser capitalizados com o empréstimo para infraestruturas, trata-se de um empréstimo sem recursos a pagar apenas com o fluxo comprometido de receitas. Também é um empréstimo que provavelmente tem uma taxa de juro concessional. Assim, embora se acumulem os juros sobre o empréstimo para infraestruturas no período entre a conclusão da infraestrutura e o início do fluxo de receitas dos recursos, não é claro por que motivo um governo iria pagar, com os seus recursos próprios, um financiamento sem recurso e com um juro baixo.

Atribuição de Valor às Permutas no âmbito de Infraestruturas Financiadas por Recursos Naturais

Tem havido uma grande preocupação entre os observadores e os críticos das transacções RFI por considerarem que os governos "dão vantagens demasiadas" em troca das infraestruturas que "recebem" nestes projectos, ou que o preço das infraestruturas recebidas está "inflacionado" e não reflecte uma "boa aquisição". Estas críticas parecem surgir mais frequentemente entre aqueles que caracterizam uma transacção RFI como uma simples "troca directa" ou "swap" e não como uma transacção com componentes múltiplas ao abrigo de um novo modelo de financiamento.

Vários projectos ao abrigo de outros modelos também são criticados por trazerem pouco valor ou por produzirem uma compensação insuficiente pelos recursos. Os projectos de aquisições públicas, especialmente quando não correm bem, são habitualmente declarados como sendo o resultado de corrupção. As transacções no regime de financiamento do projecto, mesmo quando bem estruturadas e sujeitas a licitações competitivas, são objecto de reclamações feitas pelos proprietários relativamente aos preços cobrados e aos lucros realizados. Os projectos de recursos, em especial, estão sujeitos a um intenso escrutínio em virtude da sua dimensão e do âmbito das suas receitas e lucros, embora se preste normalmente pouca atenção ao custo do desenvolvimento, incluindo as enormes verbas às vezes investidas em infraestruturas associadas.

Em resumo, não olhamos para estas críticas como exclusivas do modelo RFI. As críticas reflectem antes os desafios globais que dependem de diversas variáveis: Quais as circunstâncias em que a licença original de exploração de recursos foi emitida? O que é concedido nos termos da lei aplicável? A licença de desenvolvimento e produção de recursos foi adequadamente negociada e concedida, em conformidade com a lei, e com o regime mais favorável possível no domínio das royalties e impostos? Os recursos serão vendidos a preços adequados ou os preços dos recursos realizados pelo operador de recursos serão inapropriadamente depreciados (por exemplo, fazendo negócios "de favor" com uma afiliada offshore, que poderá então revender os recursos ao preço integral de mercado)? Estas questões são tão válidas para uma transacção RFI como para qualquer outro projecto de desenvolvimento de recursos.

Os termos do acordo de crédito são os melhores termos disponíveis para as circunstâncias, com o menor número de restrições quanto às fontes de bens e serviços que podem ser adquiridos com os fundos? O montante dos juros capitalizados no crédito para as infraestruturas reflecte uma estimativa razoável de quanto tempo o governo terá de esperar para ter direito a receitas da componente de recursos? Estas perguntas são válidas para as transacções RFI assim como para qualquer projecto de aquisições do governo em que se utilize crédito soberano, e também para qualquer projecto em regime de financiamento do projecto ou de PPP que permita a "transmissão" (pass-through) ou a "igualização" (true-up) dos termos de financiamento.

E a fixação de preços de cada componente de infraestruturas foi estabelecida de uma forma transparente e competitiva? Esta questão aplica-se a qualquer transacção em qualquer um dos modelos. Num contexto RFI, estruturar e endereçar a transacção global, centrando-se na separação e optimização de cada componente, responderá à questão de se saber se todas as partes alcançaram um bom resultado.

A estruturação e optimização adequada de cada componente de uma transacção RFI não endereçará, automaticamente, todas as preocupações em matéria de valor numa transacção. São várias as razões — técnicas, comerciais ou de outra ordem — para que uma transacção RFI possa oferecer um valor diminuto a um governo, mesmo quando bem estruturada sob o aspecto económico e jurídico. É importante que cada interveniente tome as medidas apropriadas para proteger os seus interesses em cada fase da negociação e da execução de uma transacção RFI, como em qualquer transacção no âmbito de qualquer outro modelo.

Caixa 5.3 Unidade de Execução do Projecto

Os críticos consideram alguns governos como incapazes de negociar projectos complexos. Pela ló-gica deles, uma transacção RFI altamente complexa deixa um governo impossibilitado de contrapor os termos oferecidos por um consórcio de um banco de desenvolvimento apoiado por promotores de infraestruturas e recursos, talvez apoiado por um governo estrangeiro e acompanhado de um pequeno exército de engenheiros, entidades financeiras, advogados e outros consultores. Acres-ce que os críticos afirmam que as escalas estão, por inerência, contra o governo porque, a actividade do grupo investidor consiste em negociar estes projectos e, para muitas das autoridades governa-mentais (a menos que exista uma exploração e indústria de produção de hidrocarbonetos activa) a transacção RFI que vão negociar é a primeira, e talvez a única, das suas carreiras.

Um governo actua através das pessoas que trabalham para ele e a resposta à crítica de que um governo não tem peritos suficientemente experientes para negociar uma transacção RFI é: o gover-no pode obter mais e melhores peritos. O Banco Mundial e outros doadores há muito que utilizam o instrumento da unidade de execução do projecto (PIU) para auxiliar um governo a aumentar a sua capacidade de realização de projectos complexos. A PIU é constituída dentro de um ministério governamental, que assumirá a responsabilidade pelo projecto, sendo financiada por uma fonte de receitas específica, frequentemente fornecida pela própria agência doadora. Em seguida, atri-buem-se peritos locais e internacionais à PIU, com contratos a longo ou a curto prazo, em função das necessidades do projecto.

A estruturação, negociação, execução e supervisão de uma transacção RFI é um projecto de grande dimensão, complexo e de elevadíssimo valor, que justifica a criação e a dotação adequada de pessoal de uma PIU exclusiva.

Relação com o Regime Fiscal

Como acontece com o problema de valor discutido acima, a maior parte das críticas feitas aos regimes fiscais RFI vêm dos observadores que caracterizam uma transacção RFI como um swap ou troca directa, em vez de uma transacção ao abrigo de um novo mecanismo de financiamento. Esses observadores afirmam que deveria haver alguma equivalência entre o montante ou valor da infraestrutura no terreno (ao qual o promotor de recursos está a ganhar acesso) e o montante ou valor da infraestrutura que o país vai receber no âmbito da primeira fase de uma transacção RFI. É provável que nas transacções RFI iniciais as componentes estivessem deficientemente estrutu-radas e a relação entre o desenvolvimento de recursos e a construção da infraestrutu-ra não fosse transparente.

Caixa 5.4 A Confidencialidade é Viciante?

Concordamos que uma falta generalizada de transparência torna difícil aos observadores externos julgar se um governo fez ou não um "bom negócio" numa transacção no molde de Infraestruturas Financiadas com Recursos (RFI). Mas a falta de transparência não é exclusiva das transacções RFI. Muitos investidores, seus empreiteiros e até mesmo mutuantes exigem uma confidencialidade

a caixa continua na página seguinte

Caixa 5.4 Confidencialidade é Viciante? *(continuação)*

rigorosa em torno do processo de negociações e dos termos dos documentos assinados. Este facto aplica-se a quase todos os contratos ao abrigo deste modelo, embora tenha havido algum progresso no que toca a pagamentos relacionados com projectos de recursos naturais, através da Iniciativa para a Transparência das Indústrias Extractivas (EITI).

Existem algumas razões comerciais legítimas para proteger as posições negociais antes da assinatura dos documentos e, certamente, uma boa razão para se proteger a propriedade intelectual e os segredos comerciais. Mas pode acontecer que muita da insistência na confidencialidade seja simplesmente um hábito, devido ao facto de que todos os que se sentam à mesa da assinatura conhecem o que os documentos dizem e apenas os que estão fora da sala se queixarão de falta de transparência. Quando estão envolvidas empresas, os interessados externos seriam os proprietários das empresas mas, quando há um governo envolvido, são todos os cidadãos do país que têm interesse naquilo que os seus funcionários públicos fizeram.

Se bem que esteja fora do âmbito deste estudo, talvez seja altura de considerar, ou reconsiderar, se as promessas usuais de confidencialidade exigidas e acordadas numa base rotineira e recíproca servem o melhor interesse dos cidadãos nacionais, ou até mesmo os interesses de um determinado projecto.

O regime fiscal de um projecto de desenvolvimento e produção de recursos, seja ao abrigo do modelo clássico de desenvolvimento de recursos ou do modelo RFI, é a metodologia segundo a qual as receitas da venda da matéria-prima são afectadas às partes, depois de pagos os custos de extracção, da transformação necessária, de marketing e de entrega. Parte dos fundos restantes serão alocados ao promotor do recurso como taxas e dividendos, e parte será alocada ao governo e/ou ao parceiro estatal de desenvolvimento de recursos do projecto a título de royalties, impostos e dividendos. O regime fiscal pode incluir a alocação das componentes de "custo" e "lucro" e pode também incluir a distribuição de parte da matéria-prima produzida em espécie. Numa transacção no âmbito do modelo clássico de desenvolvimento de recursos, a definição do regime fiscal e das outras disposições da licença de desenvolvimento e produção é o fim do processo de estruturação da transacção, na perspectiva do governo.

Numa transacção RFI, em contrapartida, a definição do regime fiscal da componente de recursos é o primeiro passo do governo no processo de estruturação da transacção. O regime fiscal da componente de recursos constitui a base sobre a qual se faz a previsão das receitas estatais, seguindo-se o seu comprometimento para obtenção do crédito para construção da componente de infraestruturas. O governo e o investidor em recursos podem nem sequer negociar os termos fiscais da licença de produção de recursos, se o regime fiscal já estiver estabelecido por lei ou pelo processo de licitação; neste caso, o regime fiscal é aplicado e complementado com quaisquer acordos adicionais necessários.

O governo compromete o seu fluxo previsto de receitas e concorda com os termos de uma linha de crédito com um valor máximo que é algo inferior ao total do montante comprometido. Como acontece nos outros modelos de financiamento, existe um limite ao rácio entre o valor do empréstimo e da garantia de um activo. Numa transacção do tipo financiamento do projecto, por exemplo, os promotores tentarão "alavancar" os seus investimentos de capital com o máximo possível de dívida, mas os mutuantes irão tentar reduzir o montante de dívida do projecto, com vista a assegurar que o empréstimo está garantido mesmo que as receitas do projecto não alcancem, de forma consistente, os níveis previstos. Para uma transacção RFI, o limite da linha de crédito do governo estará associado à previsão dos fluxos de receitas do governo decorrentes da componente de recursos. O valor dos fluxos de receitas do governo resultantes da componente de recursos, que não estejam comprometidas com o serviço da linha de crédito, permanecerão propriedade do governo, quer sejam receitas que excedam o montante do serviço da dívida num ano em que o mecanismo de crédito ainda esteja pendente, ou receitas do projecto de recursos depois de o mecanismo de crédito ter sido reembolsado.

A linha de crédito é então levantada para se adquirir a infraestrutura. Como se disse antes, a infraestrutura adquirida pode ser de um tipo que não possa ser um projecto financiado autonomamente. Recomendamos que a infraestrutura adquirida seja do tipo que irá provavelmente provocar crescimento económico ou benefícios no campo do bem-estar social, cujo valor seja a uma taxa mais alta do que a taxa de juro sobre a linha de crédito. Por outras palavras, quando o custo do crescimento económico perdido ou dos benefícios sociais perdidos que se iriam realizar, ao esperar pela realização do fluxo previsto de receitas do projecto de recursos, for maior do que o custo dos juros do crédito contraído contra esse fluxo previsto de receitas, então justifica-se a utilização de uma transacção no modelo RFI para a obtenção de infraestruturas construídas agora e evitando o atraso.

Fixação do Preço das Infraestruturas

A fixação do preço justo da componente de infraestruturas numa transacção RFI pode ser um desafio para os governos, em particular se a linha de crédito incluir limitações sobre as fontes de bens ou serviços adquiridos com os fundos do empréstimo. Há dois aspectos nesta questão: primeiro, a qualidade da infraestrutura a ser construída; e segundo, o custo dessa qualidade da infraestrutura. Preços diferentes para a infraestrutura só podem ser comparados se os preços oferecidos forem para a mesma qualidade. A questão das limitações nos preços devido ao uso de uma linha de crédito fornecida por um mutuante único é idêntica à questão que surge no modelo tradicional de aquisição de infraestruturas pelo Estado, onde o empréstimo concessional está "vinculado" à compra de bens e serviços de determinadas fontes. Esta questão pode tornar-se mais um desafio de uma transacção RFI, já que o governo não pode "procurar" fundos concessionais com as restrições menos onerosas.

Numa transacção do modelo de financiamento de projecto, quando um governo utiliza um processo de licitação pública que especifica os exactos padrões de qualidade da infraestrutura a ser construída – ou pelo menos a qualidade dos resultados esperados ao longo da vida do projecto – a fixação do preço é muito transparente. Idealmente, o preço torna-se o único parâmetro para a selecção do licitante vencedor. O preço reflectirá o custo de capital, incluindo os lucros que os investidores esperam da sua participação no capital e do custo dos empréstimos; quando houver financiamento concessional para o projecto, o valor do empréstimo concessional será repercutido nos preços da oferta mas os licitantes irão equilibrar o uso do crédito disponível perante quaisquer limitações impostas à fonte dos bens e serviços adquiridos com o crédito.

Um governo que esteja a considerar uma transacção RFI deverá prestar uma atenção especial a quaisquer limitações impostas no acordo de crédito, que restrinjam a capacidade do governo para (i) especificar a qualidade da infraestrutura que pretende; (ii) especificar as identidades dos empreiteiros que o governo pode convidar a apresentar propostas para a construção ou operações das infraestruturas; ou (iii) utilizar um processo de licitação com vista a obter o melhor uso do seu dinheiro. Em alguns casos, as limitações podem ser inevitáveis, pelo menos em relação a uma porção da linha de crédito.

Como se disse acima, há um custo para o governo quando se usa um crédito RFI para adquirir infraestruturas. Quando a infraestrutura fica concluída bastante antes da componente de recursos produzir receitas para o serviço da dívida, o juro adicional acumulado irá inevitavelmente aumentar o custo da infraestrutura e reduzir o montante da linha de crédito que pode ser utilizada para outras componentes. Se vale a pena incorrer neste custo, depende das opções que o governo tem para financiamento alternativo (ou numa base soberana ou através de um modelo PPP ou de uma transacção no modelo de financiamento do projecto) e, como referido antes, se o valor da disponibilização antecipada da infraestrutura justifica o custo.

O custo da infraestrutura ao abrigo de uma transacção RFI, embora algo mais elevado do que num modelo tradicional de aquisição pública da infraestrutura, pode também reflectir um benefício "sem recurso" para o governo. Num modelo de financiamento de projecto, se o projecto fracassar antes do reembolso dos empréstimos (e o governo não tiver provocado o seu colapso devido, por exemplo, a falta de pagamento), o governo, de uma forma geral, não tem de reembolsar os mutuantes do projecto (ou, pelo menos, os mutuantes que assumiram o risco de financiamento do projecto). Da mesma forma, no modelo RFI, o governo compromete uma certa porção do fluxo das receitas geradas pela componente de recursos do projecto para reembolso da dívida. Se o promotor de recursos abandonar o projecto de recursos depois de o crédito do governo ter sido levantado para as componentes de infraestruturas (mais uma vez, sem ser por causas atribuídas ao governo, tais como a recusa de emitir autorizações ou aprovar importações de equipamento necessário), então o governo não tem obrigação de reembolsar esse crédito a partir de outras fontes. Ou seja, o mutuante assume um "risco do projecto" relativamente ao reembolso dos empréstimos para infraestruturas, mas este risco é o fluxo de receitas do governo da componente de recursos naturais, não das receitas das instalações de infraestruturas (se existirem). A exemplo do que acontece numa transacção do modelo financiamento do projecto, os mutuantes cobrarão um prémio pela aceitação deste risco de reembolso e os governos precisam de determinar se este prémio justifica o benefício de um empréstimo sem recurso ou com recurso limitado. Uma alternativa seria negociar um acordo de crédito que considere o fluxo de receitas governamentais da componente de recursos naturais como a fonte principal de reembolso dos empréstimos para a componente de infraestruturas mas que contém disposições para reembolso soberano ao abrigo talvez de um cronograma de reembolso diferente, caso a componente de recursos esteja atrasada ou seja cancelada — por exemplo, se o preço alvo dos recursos baixar mais do que X por cento durante um período Y de anos.

O Papel do Financiamento Concessional

O uso de financiamento concessional é a principal forma ao alcance dos governos dos países em desenvolvimento para obterem infraestruturas. Para que o endividamento soberano permita aos governos adquirir infraestruturas, as "concessões" incluem padrões de crédito reduzidos para o empréstimo, períodos de reembolso alargado com períodos de carência longos e taxas de juro abaixo do mercado, aproximando-se frequentemente de 0%. Nas transacções no modelo de financiamento do projecto e no modelo PPP, a existência de financiamento concessional, quer directamente ao projecto ou por reempréstimo através do governo, pode tornar os projectos "susceptíveis de financiamento bancário" e reduzir os custos de bens e serviços prestados, já que o baixo preço do financiamento concessional reduz o custo do capital do Veículo para Fins Especiais (SPV).

Com base na literatura disponível, parece que as transacções mais recentes do tipo RFI envolveram o uso de financiamento concessional, o qual foi utilizado pela empresa de desenvolvimento de recursos naturais para iniciar um projecto de desen-volvimento de recursos, incluindo a construção de infraestruturas associadas, e foi disponibilizado ao governo para construção da infraestrutura contra o comprometi-mento das receitas governamentais previstas da componente de recursos. A disponi-bilização de financiamento concessional ao promotor de recursos torna a exploração dos recursos remotos (caros de obter e exportar, portanto) economicamente viável aos preços correntes previstos para a matéria-prima, mesmo quando sejam exigidos investimentos muito substanciais em infraestruturas associadas.

Afigura-se provável que, quando há necessidade de financiamento concessional para tornar financeiramente viável a componente de recursos da transacção RFI, então o financiamento concessional seria a única fonte de fundos viável para o cré-dito ao governo contra o comprometimento pelo governo do fluxo previsto de receitas decorrentes desse projecto. Esta conclusão seria particularmente robusta em casos em que o financiamento concessional não apenas reduz o custo da explo-ração de recursos naturais (incluindo o custo de construção das infraestruturas associadas necessárias) mas é um instrumento de segurança económica nacional para o país do promotor de recursos.

Por outro lado, no caso por exemplo de um projecto de produção de petróleo off-shore, em águas pouco profundas, que poderia ser financiado, desde a fase de desenvolvimento até à fase de produção, por uma ou mais das grandes companhias petrolíferas utilizando instrumentos de financiamento do balanço ou da dívida comercial, parece provável que o governo conseguisse obter um empréstimo comercial, ou vender obrigações da receita, contra a garantia de parte ou da totali-dade do seu fluxo de receitas proveniente desse projecto. Este exemplo resultaria, com efeito, numa "desagregação" da transacção RFI, ficando uma transacção clássica de desenvolvimento de recursos naturais e um financiamento RFI interligado. A única participação dos investidores no desenvolvimento de recursos limitar-se-ia a darem o seu acordo a que o fluxo de receitas governamentais fosse depositado numa conta de garantia criada para fazer o serviço da linha de crédito.

Por definição, os instrumentos de dívida comercial sugeridos no parágrafo ante-rior seriam mais dispendiosos (ou seja, têm uma taxa de juro mais alta a pagar) do que a dívida concessional. No teste, segundo o qual um governo utilizaria financia-mento RFI apenas quando o crescimento económico ou o benefício social tem uma valor mais alto do que o juro a ser pago pelo empréstimo, quanto mais alta a taxa de juro sobre a linha de crédito da transacção RFI, mais altos têm de ser os benefí-cios económicos ou sociais para justificar que se faça um investimento antes da realização em devido tempo do fluxo de receitas. Assim, em tais casos pode ser viável encontrar formas de obtenção de linhas de crédito a preço concessional con-tra um compromisso de receitas futuras provenientes de um projecto de recursos. O Banco Mundial e outros doadores podem ter capacidade para utilizar os seus instrumentos de apoio ao crédito com vista a reduzir os riscos perceptíveis relativos à realização dos fluxos de receitas comprometidos para baixar os custos de endivi-damento do governo referentes à totalidade do preço comercial. Sugerimos que esta abordagem híbrida de "desagregação" seja estudada com mais profundidade para transacções específicas, logo que o modelo global seja melhor entendido e analisado pelos intervenientes relevantes.

Obrigações Ambientais e Sociais

As leis e regulamentos governamentais sobre requisitos ambientais e sociais relativamente a projectos de recursos e de infraestruturas têm de ser cumpridos pelos promotores e seus contratantes, independentemente do modelo de financiamento utilizado. As questões ambientais e sociais presentes na componente de recursos num projecto RFI são tão desafiadoras como em qualquer outro projecto de desenvolvimento de recursos. Estes desafios incluem questões de reinstalação na área do projecto de desenvolvimento de recursos; riscos ambientais de resíduos e derrames de outras fontes de poluição do ar, água e terra; e questões sanitárias e de segurança, tanto para os trabalhadores do projecto de recursos, como para as populações afectadas. São necessários instrumentos de garantia destinados a fornecer fundos para o fecho de minas ou poços assim como para despesas de encerramento para todos os projectos de desenvolvimento de recursos, incluindo as componentes de desenvolvimento de recursos naturais dos projectos RFI. É fundamental, para um projecto RFI ou para qualquer outra transacção de recursos, que os governos tenham quadros e fundos suficientes para monitorizar e aplicar eficazmente os requisitos ambientais e sociais, ao longo da vida do período de desenvolvimento e de produção de recursos.

Existem também obrigações ambientais e sociais, associadas com os projectos de infraestruturas, independentemente do modelo utilizado para estruturar a transacção. Um governo precisará de estabelecer estas obrigações e, em seguida, monitorizar o seu cumprimento para cada componente de infraestruturas de uma transacção RFI, da mesma forma que tal se aplica a uma transacção de financiamento de projecto executada por um promotor privado ou a um projecto de infraestruturas de propriedade do governo e construído por uma empresa pública. O modelo de financiamento utilizado para financiar um projecto de infraestruturas simplesmente não produz impacto nos requisitos ambientais ou sociais que se aplicam ao projecto.

Quando as leis e regulamentos governamentais forem considerados inadequados pelas normas internacionais, as instituições de desenvolvimento e os mutuantes comerciais impõem requisitos mais exigentes. Por exemplo, nos projectos em regime de financiamento de projecto ou de PPP, que ultrapassem um custo de capital mínimo, ou seja, praticamente para todos os projectos de infraestruturas, os mutuantes internacionais participantes vão exigir o cumprimento dos "Princípios do Equador III" de Junho de 2013, que incorporam as normas e orientações ambientais, sociais, de saúde e de segurança do Grupo Banco Mundial, sempre que as leis locais não exigirem que um projecto cumpra estes requisitos. Pode, no entanto, haver diferenças entre as abordagens adoptadas por instituições financeiras que seguem os Princípios do Equador e aquelas instituições nacionais de desenvolvimento financeiro que examinam os projectos sob um ponto de vista de segurança económica nacional.

Sugerimos que o Banco Mundial incentive todas as entidades nacionais de desenvolvimento financeiro a observarem os Princípios do Equador e a adoptarem as melhores práticas ambientais e sociais. Os próprios governos podem liderar este esforço de exigir a qualquer investidor ou empreiteiro estrangeiro, que queira trabalhar ou lucrar com a obra nesse país, que adoptem normas internacionais no domínio ambiental e social, mesmo que estas normas sejam mais exigentes do que as impostas pelas leis locais. Não é coerente fazer o esforço de estruturar e negociar uma transacção RFI para acelerar o crescimento económico e os benefícios de bem-estar social e, depois, não exigir aos promotores e contratantes que apliquem as melhores práticas em questões ambientais e sociais. Está fora do âmbito deste estudo uma discussão sobre quais são essas melhores práticas.

As entidades doadoras podiam acordar com o governo um programa de cofinanciamento e oferecerem-se para financiar as componentes ambientais e sociais das componentes de infraestruturas dos projectos RFI, na impossibilidade de essas componentes estarem cobertas pela linha de crédito do governo proveniente do projecto RFI. Esta abordagem implicaria um nível de transparência e cooperação não evidenciado nas transacções RFI até ao momento.

CAPÍTULO 6

Questões Estruturais

Disposições Contratuais Fundamentais no Modelo de Infraestruturas Financiadas por Recursos Naturais

Qualquer transacção, ao abrigo de qualquer modelo, é definida pelas disposições contratuais estabelecidas entre as partes. Os riscos, recompensas e obrigações são negociados e acordados entre as partes. Em relação a muitos projectos, a melhor solução seria que o governo dedicasse algum tempo e se esforçasse por definir o projecto que quer e realizasse um concurso público para esse projecto com os investidores interessados, baseado em documentação completa, ou quase completa. A utilização de uma licitação pública é uma abordagem bem estabelecida para transacções de financiamento de projecto e está a tornar-se cada vez mais comum para projectos em parceria público-privada (PPP). Nos casos de aquisições directas de infraestruturas pelo governo, a lei geralmente exige que se proceda à publicitação e licitação para contratos públicos.

Nestas circunstâncias, as melhores práticas de todos os modelos existentes sugerem claramente que uma abordagem de contratação abrangente é a melhor forma de estruturar, acordar e executar os projectos em regime de infraestruturas financiadas com recursos (RFI). Um governo que esteja no meio dos acordos contratuais, destinados a um projecto RFI, alcançará melhores resultados se considerar separadamente os acordos de contratação para as componentes de recursos, de mecanismo de crédito e de infraestruturas do projecto.

Sob o ponto de vista do modelo RFI, a única disposição contratual fundamental é a concessão da linha de crédito ao governo e o comprometimento do governo dos valores a receber, provenientes do projecto de desenvolvimento de recursos, a título de garantia dos empréstimos feitos no âmbito da linha de crédito. Outras disposições contratuais essenciais do lado dos recursos incluem a licença de desenvolvimento de recursos e documentos pertinentes, tais como planos de desenvolvimento de recursos, planos ou contratos para as infraestruturas associadas e compromissos de medidas de mitigação ambiental e social. Do lado das infraestruturas, os acordos contratuais irão variar dependendo de o governo tencionar ser ele próprio o dono da infraestrutura após a construção, ou de tencionar utilizar uma abordagem PPP que envolveria uma parte do sector privado na qualidade de operador ou de investidor; o parceiro PPP poderia ser o investidor no desenvolvimento dos recursos ou outra entidade especialista. Uma sólida documentação do concurso assegurará a consecução de contratos transparentes e competitivos para as componentes de infraestruturas.

A experiência adquirida revela que as transacções iniciais de RFI eram tratadas mais na base de "pacote global". Foram adoptados "acordos-quadro" entre governos para orientar as negociações entre o governo e a sua empresa pública de desenvolvimento de recursos de um lado, e o banco nacional de desenvolvimento do país investidor e as empresas interessadas desse país da área de desenvolvimento de recursos e de construção de infraestruturas, pelo outro lado. Até ao presente, esses acordos-quadro tenderam a limitar as oportunidades de competição entre os contratantes das componentes de infraestruturas. Dado o âmbito de uma transacção RFI, que inclui compromissos avultados de financiamento concessional por um banco nacional de desenvolvimento do país investidor, é provavelmente inevitável que haja um acordo-quadro intergovernamental para definir os termos das negociações dos vários aspectos da transacção. Os acordos intergovernamentais não são, obviamente, submetidos a concurso como também não são transparentes as negociações destes artigos.

Quando se contempla um acordo-quadro intergovernamental, é essencial que o governo do país anfitrião perceba que os seus compromissos iniciais vão estabelecer um precedente de longo prazo para tudo o mais que acontece no âmbito da transacção RFI. Assim, é muito importante que o país anfitrião procure consultores qualificados logo no início do processo, e que não confie que o governo do país investidor está a agir no interesse do país anfitrião, em vez de nos seus próprios interesses nacionais. Pensamos também que é no melhor interesse do governo do país investidor, e do banco nacional de desenvolvimento e das empresas de desenvolvimento de recursos e de construção de infraestruturas do país investidor, que o acordo-quadro incentive também o governo anfitrião a obter consultores qualificados logo no início do processo e a ter a sua equipa de consultores em funções na mesma altura. A equipa de consultores do governo anfitrião não precisa de estar em funções antes das reuniões introdutórias mas deverá estar decididamente a funcionar antes de os dois lados começarem a discutir as condições definitivas ou um memorando de entendimento (MOU) e, seguramente, antes de começarem as negociações de um projecto de acordo-quadro.

Concurso Público

O uso de um concurso público permite ao governo adjudicar contratos com base num mecanismo transparente de fixação de preços: quando são iguais todos os outros factores, ganha o melhor preço. Como se disse acima, a base de um processo de licitação pública bem-sucedido é um conjunto de documentos de concurso claros e completos, incluindo minutas completas dos contratos relevantes da transacção.

Um concurso é tão mais eficaz quanto é claro o âmbito de um projecto e controlável o âmbito dos riscos "conhecidos e desconhecidos". Nestas circunstâncias, os concursos públicos funcionam muito bem para a aquisição pública de construção de edifícios ou estradas, e para transacções de financiamento de projecto que envolvam tecnologia com provas dadas, tais como uma central eléctrica com turbina a gás. Os concursos públicos são mais difíceis para os projectos que tenham, por exemplo, condições geotécnicas desconhecidas (como a construção de uma barragem hidroeléctrica numa bacia hidrográfica inexplorada) ou quando se preveja que o empreiteiro vá utilizar uma tecnologia nova ou sem provas dadas para atender a novas necessidades (como um contrato para construir uma central de energia solar termo-eléctrica numa dimensão ainda não verificada).

Na perspectiva do governo, é particularmente importante que se faça um concurso público para as componentes de infraestrutura num projecto RFI. O governo é o principal interessado na obtenção de uma infraestrutura de alta qualidade ao preço mais competitivo possível. Para a componente de desenvolvimento de recursos, a entidade que detém os direitos de exploração de uma área tem o direito de converter a licença de exploração numa licença de desenvolvimento e produção, nos termos da lei de recursos. A rentabilidade das actividades de desenvolvimento e produção irá depender da aquisição de instalações de alta qualidade, ao melhor preço possível, pelo promotor de recursos. Relativamente à componente de mecanismo de crédito do governo, as oportunidades de concurso podem estar limitadas se houver financiamento concessional, especialmente se o financiamento concessional for concedido pelo mesmo banco nacional de desenvolvimento que financia a componente de desenvolvimento de recursos.

Relativamente à questão de concurso público para a componente de infraestruturas, um governo pode procurar utilizar o procedimento mais transparente e competitivo possível, em consonância com as leis de aquisições do país. As lições aprendidas com transacções de financiamento do projecto e do modelo PPP aplicam-se directamente aos concursos para componentes de infraestruturas numa transacção RFI quando o governo está a contemplar uma participação do sector privado. Numa negociação de um acordo-quadro intergovernamental ou de um acordo de crédito com um banco nacional de desenvolvimento, o governo anfitrião pode negociar firmemente no sentido de obter os procedimentos mais abertos, transparentes e competitivos possíveis de um concurso público para utilização da linha de crédito do governo, incluindo a participação de investidores privados terceiros, se o governo optar por usar uma estrutura do tipo PPP para um ou mais desses investimentos. Em vez de limitar as empresas de construção de infraestruturas, autorizadas a serem pagas com a linha de crédito do governo, às do país do banco nacional de desenvolvimento, pode ser possível negociar um processo de licitação que conceda uma pequena preferência na fase de pré-qualificação aos empreiteiros do país do banco de desenvolvimento, ou que reserve talvez dois ou três lugares na lista de licitantes pré-qualificados para companhias desse país que cumpram os padrões mínimos de qualificação.

Em alternativa, se a agência nacional de desenvolvimento ou o governo do país investidor exigir que todas as infraestruturas construídas com a linha de crédito do governo sejam provenientes (bens e serviços) do país investidor, então uma outra abordagem seria que o governo anfitrião escolhesse os tipos de infraestruturas para as quais o país investidor possui contratantes excelentes. Esta consideração deverá estar na mente do governo anfitrião, antes de iniciar as negociações relativas a qualquer parte de uma transacção RFI, em particular um MOU ou um acordo-quadro.

Estrutura das Responsabilidade Contratuais e Resolução de Litígios, Práticas Actuais, Principais Questões e Opções

A primeira observação da experiência em todos os modelos de transacção é que a atribuição de responsabilidades contratuais funciona melhor, e os preços são mais baixos, quando os direitos e responsabilidades contratuais são atribuídos entre as partes, em conformidade com uma abordagem acordada de repartição dos riscos. Cada um dos riscos é tradicionalmente afectado à parte com mais capacidade para o mitigar, quer através do controlo das suas próprias actividades, quer fazendo um seguro de risco ou passando o risco para outro contratante.

Por exemplo, num contrato de construção ao abrigo da maior parte dos tipos de transacção, se o governo exigir que um edifício fique concluído no dia 1 de Julho, digamos, então solicitará ao promotor do edifício que se comprometa a concluí-lo até ao dia 1 de Julho (ou antes, para cobrir contingências). Se o promotor receber garantias dos seus fornecedores e subcontratantes de que poderá concluir o edifício no prazo, então o promotor comprometer-se-á com o governo no sentido de que pode acabar o edifício e que pagará uma indemnização ao governo se o edifício for concluído depois da data. O promotor, por seu turno, procurará recuperar essa indemnização junto dos seus fornecedores e contratantes, se algum deles for a causa do atraso na conclusão. Mas o promotor também vai tentar evitar responsabilidades pelas indemnizações a título de conclusão atrasada e procurar uma indemnização do governo para si próprio, se o governo for o responsável pelo atraso do promotor, por exemplo, por não ter disponibilizado o local a tempo (se o local for responsabilidade do governo); por não ter feito atempadamente pagamentos progressivos, de acordo com o contrato; por não ter proporcionado as licenças de construção ou inspecções numa base atempada; ou por não ter desalfandegado pontualmente materiais ou equipamento para construção do edifício. O promotor irá também adquirir um seguro contra condições climáticas desfavoráveis e perda de materiais durante o transporte, seja directamente ou através dos termos dos contratos de fornecimento e transporte. O custo destes seguros estará no preço do contrato que o governo paga para a construção mas, esses custos são o preço do desempenho que o governo exige. Os riscos, uma vez identificados, são consequentemente atribuídos à parte adequada e inseridos nos contratos do projecto, bem como o cálculo do seu preço.

No contexto RFI, seria utilizada a mesma abordagem para identificar e repartir riscos. O fundamental é que as partes identifiquem e repartam os riscos, não apenas entre os dois lados da transacção, mas entre o governo e cada promotor de recursos, o fornecedor da linha de crédito e os promotores ou empreiteiros da infraestrutura. O empreiteiro de recursos, fornecedor da linha de crédito e promotores ou empreiteiros da infraestrutura também terão provavelmente acordos entre eles para uma redistribuição adicional dos riscos. Quando estão envolvidas partes adicionais (tais como empreiteiros para a construção de infraestruturas associadas, investidores privados para componentes de infraestruturas ou outros contratantes de engenharia, aquisições e construção [EPC]), o número de acordos necessários será muito superior.

A licença de desenvolvimento de recursos e documentos pertinentes podem incorporar as melhores práticas dos projectos clássicos de desenvolvimento de recursos, e os contratos de construção de infraestruturas (estruturados de forma semelhante a uma transacção tradicional de aquisição pública de infraestruturas, ou a uma PPP, ou então a um transacção do tipo de financiamento do projecto) podem incorporar todas as melhores práticas aplicáveis provenientes desses modelos.

O atributo principal diferenciador do modelo RFI consiste no facto de o empréstimo que o governo obtém para adquirir a infraestrutura ser reembolsado directamente com as receitas governamentais associadas com a componente de desenvolvimento de recursos e dadas de garantia à entidade que concedeu o empréstimo. Por outras palavras, o governo compra as infraestruturas com o seu próprio dinheiro, se bem que seja numa base sem recursos. Um governo pode tomar todas as medidas necessárias para assegurar que o investimento dos seus fundos é feito de forma eficiente, como em qualquer outro projecto em que um governo adquira infraestruturas no seu próprio nome e, para obter o valor máximo para os seus cidadãos, incluindo a contratação de mais funcionários ou consultores qualificados, se necessário, com vista a realizar os processos de aquisições e de supervisão da construção de forma profissional. Os governos podem evitar o risco de não assumirem o "controlo" do processo destinado a garantir que as infraestruturas são realizadas por concurso público e adequadamente contratadas e prosseguirem no sentido de garantir que o desempenho do empreiteiro da infraestrutura corresponde aos requisitos do contrato.

O essencial é que todos os intervenientes compreendam e reconheçam que as componentes de infraestrutura das transacções RFI não são um "presente" do banco nacional de desenvolvimento do país investidor (mesmo quando se oferece financiamento concessional) e que não são "grátis" pelo simples facto de o empréstimo contraído para a construção das infraestruturas ter de ser reembolsado directamente pelo titular da licença de desenvolvimento dos recursos. Os governos e todos os intervenientes têm de entender que, numa transacção RFI, um governo está a comprar a infraestrutura com o seu próprio dinheiro, mediante o comprometimento do direito do governo a um futuro fluxo de receitas provenientes da componente de desenvolvimento de recursos. Neste contexto, um governo anfitrião tem todo o direito de insistir para que o seu dinheiro, ou antes o dinheiro que está a gerir em nome dos cidadãos desse país, seja utilizado com eficiência e transparência e que obtenha um bom valor que perdure ao longo do tempo. Além do mais, não é adequado considerar as componentes de recursos e de infraestruturas de uma transacção RFI como "swaps" recíprocos, como se o governo não tivesse opção quanto à infraestrutura que quer, ou não tivesse direitos para fazer cumprir as obrigações de desempenho por parte do empreiteiro das infraestruturas. A opção mais apropriada é considerar uma transacção RFI em primeiro lugar como um mecanismo de financiamento destinado a associar uma componente de recursos com o desenvolvimento precoce da infraestrutura, através de uma linha de crédito suportada pelo comprometimento de um fluxo de receitas.

Partilha de Riscos

O desenvolvimento de qualquer tipo de projecto, ao abrigo de qualquer modelo, é um exercício de partilha de riscos. O desenvolvimento de mecanismos de partilha de riscos numa transacção RFI segue o mesmo padrão, se bem que utilizando uma combinação de uma componente de desenvolvimento de recursos e uma ou mais componentes de aquisição de infraestruturas. Os contratos e outra documentação do projecto são os meios através dos quais são registadas as afectações da partilha de riscos, podendo estes documentos ser estruturados e negociados separadamente para cada componente, reconhecendo-se ao mesmo tempo as interligações inerentes entre as componentes de recursos e de infraestruturas por causa dos vínculos de financiamento. Numa transacção RFI, como em qualquer transacção em qualquer modelo, uma partilha adequada dos riscos consiste em afectar cada risco à parte com mais capacidade para o suportar e conceder incentivos (tradicionalmente multas na forma de indemnizações acordadas) se essa parte não gerir o risco para um nível aceitável, previamente acordado.

Num modelo RFI, o promotor de recursos assumirá o risco de que irá concluir o projecto de extracção de recursos dentro do prazo e do orçamento e, em última instância, de que os recursos estarão disponíveis nos níveis "comprovados" e que podem ser extraídos, processados e exportados a custos que permitem uma oportunidade de lucros. Os governos, excepto em circunstâncias extremas e raras, não garantirão a existência de recursos nem da rentabilidade global do projecto de recursos. O promotor de recursos não será, em circunstâncias normais, responsável pelo reembolso de quaisquer empréstimos que tenham sido adiantados ao governo anfitrião, se o fluxo de receitas do governo, comprometido como garantia da linha de crédito ao governo, se revelar inadequado. O promotor de recursos pode, contudo, ter de pagar custos de juros acima do montante capitalizado no empréstimo do governo, se a razão pela qual se acumulam juros adicionais for devida ao facto de o desenvolvimento de recursos estar atrasado ou acima do orçamento, causando assim a insuficiência do fluxo de receitas acordado na altura em que a linha de crédito foi assinada. Esta abordagem seria consistente com a abordagem de um modelo de financiamento do projecto, onde uma conclusão tardia ou outro desempenho deficiente afecta a rentabilidade dos investidores no projecto. O promotor de recursos não será, normalmente, considerado responsável pela conclusão tardia ou inadequada das componentes de infraestruturas (salvo na medida em que o promotor de recursos também estiver envolvido na componente de infraestruturas). Na medida em que a conclusão tardia da componente de recursos atrasar o reembolso do crédito ao governo para a infraestrutura, o promotor de recursos pode, contudo, razoavelmente assumir o risco de juros acumulados adicionais.

Na maior parte das circunstâncias, o promotor de recursos não assumiria riscos associados com as componentes de infraestruturas de uma transacção RFI, a menos que o promotor de recursos também seja parceiro numa estrutura do tipo PPP ou faça parte de um consórcio para o contrato de construção das infraestruturas e, consequentemente, parte de um ou mais contratos para componentes de infraestruturas. Quando os contratantes de recursos e os contratantes de infraestruturas forem entidades separadas, o único vínculo existente entre o promotor de recursos e a componente de infraestruturas resumir-se-ia ao pagamento do comprometido fluxo de receitas do estado na conta do serviço da dívida relativa ao mecanismo de crédito do governo. Se a componente de infraestrutura ultrapassar o orçamento, for concluída com atraso ou, de qualquer outra forma, não for satisfatória ou até mesmo fracassar, o promotor de recursos não será afectado desde que continue a ter um desempenho satisfatório no âmbito das suas licenças de desenvolvimento e produção. Por outro lado, quando se utilizar um acordo-quadro intergovernamental que associe explicitamente o desempenho dos contratantes de infraestruturas à continuação dos direitos do promotor de recursos com vista a prosseguir as actividades de desenvolvimento e produção, poderia haver um resultado diferente. Esta alternativa pode justificar-se quando um governo tiver de utilizar empreiteiros de infraestruturas nomeados pelo banco de desenvolvimento, como condição imposta pelo mecanismo de crédito do governo.

Quando um governo for proprietário da infraestrutura construída com os fundos da linha de crédito, directamente ou através de uma agência do estado, a afectação de riscos entre o governo e os empreiteiros responsáveis pela construção da infraestrutura seria praticamente a mesma que ao abrigo de qualquer outro contrato no âmbito de uma transacção clássica de aquisição de infraestruturas pelo estado. O governo pode exigir o cumprimento de normas de construção e ter o direito de supervisionar a construção e de receber relatórios periódicos, incluindo relatórios sobre testes de materiais usados na construção. Os pagamentos serão feitos quando se alcançam etapas de construção definidas, talvez com uma retenção até à conclusão e satisfação com o produto final concluído. Serão concedidas garantias normais pela indústria a favor do governo, como proprietário, e serão devidas indemnizações por desvios em relação às especificações ou prazos estipulados no projecto. Quando o desempenho não cumprir os requisitos mínimos aceitáveis e o contratante não corrigir a situação, o governo pode ter o direito de rejeitar as componentes não conformes ou, quando as componentes não conformes tornarem o projecto inteiro inseguro ou inutilizável, pode rejeitar a totalidade do projecto.

Uma característica significativa do modelo RFI é o risco assumido pela entidade que fornece a linha de crédito ao governo. Num contrato ao abrigo de um modelo de financiamento de projecto, o mutuante teria um forte interesse em monitorizar a construção e as operações e manutenção (O&M) da infraestrutura construída com os fundos do empréstimo, porque a operação bem-sucedida dessa infraestrutura seria a única fonte de receitas para reembolsar o empréstimo. Assim, numa transacção de financiamento do projecto, o governo pode, pelo menos parcialmente, confiar nos consultores do mutuante (e nos consultores do investidor no capital) para monitorizar o desempenho da empresa de construção de infraestruturas. Numa transacção RFI, em contraste, o mutuante analisa o fluxo de receitas comprometidas pelo governo provenientes da componente de recursos da transacção para reembolso do seu empréstimo, pelo que o montante do esforço que o mutuante pode comprometer para supervisionar a construção da infraestrutura ficará possivelmente consideravelmente reduzido. Assim, numa transacção RFI, o governo tem de estar preparado para assumir por inteiro o papel de assegurar que a componente de infraestrutura está adequadamente especificada no contrato de construção e adequadamente construída. Como se discute na subsecção seguinte, este risco do governo pode ser mitigado com a adopção de características do modelo PPP para as componentes de infraestruturas.

Uma abordagem alternativa de afectação de riscos que um governo deve considerar, quando negoceia um mecanismo de crédito de uma transacção RFI com um mutuante, surgiria quando (i) estiver envolvida uma entidade nacional de financiamento do desenvolvimento e (ii) a entidade nacional de financiamento do desenvolvimento exija, como uma condição prévia para a linha de crédito, que o governo utilize um (ou um número limitado) de fornecedores de bens e serviços para as componentes de construção das infraestruturas. Quanto mais restritiva for a linha de crédito relativamente ao uso dos fundos, maior será o risco que a entidade de financiamento do desenvolvimento deverá assumir, caso o resultado dessas restrições seja que as componentes de infraestruturas se encontram acima do orçamento, atrasadas ou de má qualidade. No modelo RFI, por muito deficiente que seja a construção da infraestrutura (e as queixas sobre infraestruturas deficientes estão entre as principais críticas aos acordos RFI existentes), a agência mutuante tem a garantia de reembolso integral desde que a componente de recursos seja bem-sucedida. Atribuir mais riscos à agência mutuante poderia levá-la a actuar mais como credor de uma transacção do modelo financiamento de projecto (por exemplo, risco adicional poderia provocar o aumento dos custos do empréstimo), muito embora o reembolso do empréstimo fosse a partir da componente de recursos, a qual pode não começar a produzir receitas durante 10 anos. Como executar exactamente este tipo de afectação de riscos irá depender das circunstâncias de cada projecto.

Participações do Estado/Joint-Ventures

Se um governo irá ter interesse de propriedade ou irá exercer um "direito de participação", directamente ou através de uma empresa pública, é uma questão que suscita diversas preocupações no domínio das componentes de recursos e de infraestruturas do modelo RFI. Estas preocupações são as mesmas que um governo encontraria no lado dos recursos de um projecto clássico de desenvolvimento de recursos e no lado das infraestruturas de uma transacção no âmbito de financiamento de projecto ou do modelo PPP. No modelo tradicional de aquisição de infraestruturas pelo Estado, o governo assume, obviamente, propriedade plena da infraestrutura que ele adquire. Numa transacção RFI, a decisão de um governo assumir um interesse de propriedade numa transacção pode ser considerada separadamente para a componente de recursos e para a de infraestruturas. Quando uma transacção RFI engloba vários projectos de infraestruturas financiados pela linha de crédito, o governo pode também escolher ter um interesse de propriedade total, parcial ou nulo em cada projecto, dependendo do que fizer mais sentido para a prossecução dos objectivos do governo nesse projecto.

Para a componente de recursos, o interesse de propriedade do governo será decidido de forma igual à de qualquer outro projecto de produção de recursos no país. Se a lei de desenvolvimento de recursos para hidrocarbonetos ou minérios, por exemplo, permitir que uma entidade estatal de recursos exerça um direito de participação quer através de "buy in" ou de reserva de "free carry" para cada projecto, então aqueles requisitos aplicar-se-ão igualmente à componente de recursos de uma transacção RFI. Estes tipos de interesse de propriedade do governo proporcionam um novo fluxo previsto de receitas (royalties, impostos sobre rendimentos e outros impostos e taxas de licenças) que o governo poderia comprometer para assegurar a linha de crédito que iria facilitar a componente de infraestruturas do projecto RFI.

Para a componente de infraestruturas, como se disse acima, os investimentos em infraestruturas que são parte de uma transacção RFI podem ser estruturados como mecanismos 100% contratados e pertencentes ao Estado, como acontece num modelo clássico de aquisição de infraestruturas pelo estado, ou com as características de qualquer das estruturas do tipo PPP, incluindo aquelas que se assemelham bastante ao modelo de financiamento de projecto (excepto para o requisito essencial de que os fluxos previstos de receitas provenientes do projecto irão pagar o projecto).

Um governo pode desejar trazer o sector privado para uma componente de infraestruturas de uma transacção RFI, pelas mesmas razões que decidiria envolver o sector privado numa transacção de financiamento de projecto ou do tipo PPP:

- Ter outra parte do sector privado, com conhecimentos especializados, que teria um incentivo para garantir que o empreiteiro da construção da infraestrutura está a ter o desempenho exigido.

- Dispor de um operador durante a construção para garantir que as novas instalações são utilizadas correcta e eficientemente quando a construção estiver concluída.
- Conseguir capital adicional (ou empregar fundos adicionais dos doadores) para proporcionar quaisquer instalações que não estejam cobertas pelo contrato de construção de infraestruturas.

Um parceiro privado envolvido na O&M da instalação de infraestrutura poderia não estar relacionado com o empreiteiro que está a construir a infraestrutura. Num caso, por exemplo, em que o governo faz levantamentos de uma linha de crédito de uma transacção RFI para construir um novo hospital, o governo pode fazer concursos separados para um operador de hospitais dotar o edifício de equipamento e pessoal e outro para assumir as operações do hospital por, digamos, 10 anos. O operador de hospital pode tomar um interesse de propriedade no hospital e os fundos que injecta seriam utilizados para adquirir instalações e materiais e contratar e pagar o pessoal. Parte do mandato do operador de hospital poderia ser também supervisionar a construção da instalação para garantir que todos os requisitos sanitários, sistemas e outras componentes a serem fornecidos pelo empreiteiro de infraestruturas serão adequadamente concluídos.

O exemplo no parágrafo anterior pretende indicar as abordagens que podem ser seguidas com vista a aceder a conhecimentos especializados e a outros fundos para integrarem a nova infraestrutura adquirida com as linhas de crédito do Estado ao abrigo de uma transacção RFI. Entre outras abordagens referem-se a participação do promotor de recursos e/ou do empreiteiro de construção da infraestrutura como parceiro(s) em regime de joint-venture na componente de infraestruturas. A abordagem correcta a ser utilizada para transacções específicas de RFI, ou para partes de transacções RFI, irá depender das prioridades e objectivos do governo para cada componente.

CAPÍTULO 7

Questões Operacionais

O modelo de infraestruturas financiadas pelos recursos (RFI) contém em si mesmo incentivos para assegurar que as componentes de infraestrutura são construídas de acordo com normas especificadas e que são adequadamente preparados e adoptados planos de operações e de manutenção (O&M) de longo prazo, assim como orçamentos. Estes incentivos baseiam-se na correcta compreensão de que o dono da propriedade (quem está a pagar a propriedade) tem um incentivo para manter essa propriedade a fim de obter dela o maior valor económico ao longo do tempo. Quando uma transacção RFI resultar na detenção pelo governo da propriedade de uma infraestrutura, então, como acontece num modelo tradicional de aquisição da infraestrutura pelo Estado, o governo obtém essa infraestrutura com os seus próprios fundos (se bem que a partir de um empréstimo sobre fluxos de rendimentos futuros). Na qualidade de proprietário dos activos, o governo tem um forte incentivo para tomar todas as precauções destinadas a garantir elevada qualidade e um bom preço. Quando os activos, no domínio das infraestruturas de uma transacção RFI, forem propriedade de uma estrutura no modelo de parceria público-privada (PPP) ou por ela operados, então, tanto o governo como o parceiro privado teriam incentivos para fazer a manutenção da infraestrutura, como acontece em qualquer outra transacção PPP.

O facto de o modelo RFI, como outros modelos, fornecer os incentivos apropriados não significa, contudo, que estes incentivos estejam adequadamente captados em transacções específicas, ou até mesmo que uma transacção esteja correctamente estruturada, que a execução do projecto seja eficaz. Infelizmente fracassaram muitos projectos no âmbito de todos os modelos de projectos. A limitada experiência até à data com transacções RFI resultou em críticas motivadas pelo facto de a infraestrutura construída se ter desmoronado rapidamente, em particular no caso de projectos de estradas.

Estas críticas às primeiras transacções RFI tendem a mostrar que todos os intervenientes destes projectos podem não se ter preparado adequadamente para o período após a construção de infraestrutura, mesmo que os contratos de construção estivessem devidamente especificados e geridos. Há um risco especial nas transacções RFI que não existe nas transacções de financiamento do projecto, ou até na maior parte das transacções PPP, porque o mutuante busca o reembolso dos empréstimos para as componentes de infraestruturas a partir do fluxo de receitas dos recursos. As críticas à má construção das infraestruturas quando o governo é o proprietário dos activos não são exclusivas das transacções RFI; a má construção ocorre com demasiada frequência quando um governo obtém as infraestruturas através de ajuda vinculada. Muitos projectos, em especial os projectos "de vaidade" doados aos países por governos estrangeiros, ou construídos para um evento específico (por exemplo, uma reunião de uma cimeira regional ou um campeonato de futebol), têm tendência a sofrer de má qualidade de construção e de deterioração prematura.

Acreditamos que os governos e outros intervenientes, que compreendem adequadamente o modelo RFI, reconhecerão os incentivos encerrados em cada transacção RFI destinados a assegurar o sucesso nas fases operacionais do projecto. Indicam-se abaixo as principais questões operacionais que os intervenientes devem considerar e endereçar antes de entrarem numa transacção RFI.

Qualidade da Infraestrutura/Supervisão de Terceiros

A questão de construção de qualidade e da necessidade de uma supervisão e monitorização independente dos requisitos de construção, ambientais e sociais aplica-se com a mesma firmeza às transacções no âmbito do modelo RFI, como às transacções no âmbito de todos os outros modelos. No entanto, a parte com uma motivação mais forte para desempenhar estas funções varia ligeiramente em função dos modelos.

Por exemplo, numa transacção do tipo financiamento do projecto ou do modelo PPP, sobretudo quando as receitas do projecto forem a única fonte de fundos para reembolsar a dívida, o proprietário e o mutuante do veículo para fins especiais (SPV) terão ambos fortes incentivos para supervisionar o processo de construção. Para os grandes projectos, cada um terá normalmente os seus engenheiros consultores próprios, conhecidos como o "engenheiro do proprietário" e o "engenheiro do mutuante", que supervisionarão de perto todos os aspectos do processo de construção. Os empreiteiros terão direito aos pagamentos faseados somente depois de ambos os engenheiros concordarem que os materiais utilizados e o trabalho desempenhado cumpriram as normas exigidas.

Relativamente à componente de recursos de uma transacção RFI, o promotor de recursos está fortemente motivado a assegurar o cumprimento de todos os requisitos, como em qualquer outra transacção clássica de desenvolvimento de recursos. São requisitos ambientais, laborais e outros requisitos legais gerais, para além dos relativos ao desenvolvimento de recursos e licença de produção, incluindo o pagamento de royalties e impostos aplicáveis. O incumprimento persistente dos requisitos legais e de licenciamento associados com o desenvolvimento e produção dos recursos pode levar à revogação da licença de produção de recursos e, consequentemente, à perda do investimento (e, evidentemente, dos lucros esperados).

Os mutuantes de um promotor de recursos também estão profundamente motivados no que toca a assegurar o cumprimento dos requisitos e irão, frequentemente, contratar consultores terceiros para monitorizar o desempenho ao longo da duração do empréstimo para a componente de recursos. Na medida em que um mutuante também tenha concedido uma linha de crédito para a aquisição estatal da infraestrutura, o mutuante estará ainda mais motivado a assegurar que a componente de desenvolvimento de recursos cumpre os requisitos e tem um bom desempenho.

O governo, no papel de regulador da produção de recursos, terá uma obrigação clara de monitorizar e aplicar os termos das licenças; os requisitos de construção, ambientais, sociais e outros de ordem legal; e o cálculo correcto de royalties a atribuir ao governo ao abrigo da licença de produção de recursos. O governo, no seu papel de cobrador de impostos, tem também um incentivo para executar o regime fiscal aplicável e, através da sua detenção de qualquer empresa estatal de recursos (isto é, um parceiro ou proprietário conjunto do projecto de recursos), um incentivo para assegurar que esses direitos estão também protegidos e cumpridos.

Em relação à componente de infraestruturas de uma transacção RFI, o governo tem de assumir a responsabilidade principal pela supervisão da construção. Como se disse acima, o mutuante do investimento em infraestruturas procurará o reembolso através do fluxo de receitas governamentais comprometidas e provenientes da componente de recursos, pelo que tem pouco incentivo para aplicar normas de qualidade para além de assegurar que os desembolsos do empréstimo são feitos de boa-fé e mediante a apresentação dos documentos relevantes que evidenciam a consecução dos marcos.

A garantia de qualidade em projectos de infraestruturas exige conhecimentos e competências especializados relacionados com o tipo específico de projecto pelo que, na medida em que um governo não tenha funcionários com conhecimentos especializados para supervisionar directamente a construção, o governo pode contratar uma empresa de consultoria independente e, de preferência, de um país diferente do do empreiteiro principal que está a construir a infraestrutura. Se não se puderem contratar estes consultores de garantia de qualidade ao abrigo do acordo de crédito do governo como parte do projecto RFI, então o governo pode procurar fundos de outras fontes para este fim. A não realização diligente de medidas destinadas a garantir a qualidade quase inevitavelmente leva a resultados deficientes pelo que, embora possa parecer dispendioso, o trabalho destinado a garantir a qualidade é uma despesa necessária para assegurar que o governo receberá o seu contra-valor pelo fluxo de receitas provenientes dos recursos que ele comprometeu.

Existem opções alternativas disponíveis para assegurar uma supervisão adequada da construção. Uma opção seria que o governo utilizasse uma estrutura PPP para a fase operacional da infraestrutura e exigir que o parceiro privado fosse responsável pela garantia de qualidade durante a fase de construção (directamente, ou pela contratação de uma empresa consultora na área de garantia da qualidade). Uma outra opção seria devolver parte do risco ao mutuante, em especial quando o mutuante impuser limitações quanto à escolha pelo governo de empresas de construção de infraestruturas, talvez renunciando ao pagamento de parte ou totalidade do crédito governamental pertinente, na medida em que se tornar evidente que uma componente de infraestrutura não foi concluída em conformidade com os padrões exigidos. Esta medida iria, pelo menos, alinhar parcialmente os interesses do mutuário com os do governo, na medida em que o mutuante teria um incentivo para contratar um engenheiro do mutuante e poderia resultar na concordância do empreiteiro em liquidar os prejuízos decorrentes do mau desempenho quando, de outra forma, não estava interessado em fazê-lo. Em essência, o pagamento do empréstimo ficaria dependente do desempenho continuado da infraestrutura, embora o dinheiro para o pagamento viesse do fluxo de receitas dos recursos comprometido. Porém, ao longo do tempo, pode ser difícil determinar se um projecto de infraestruturas teve uma deterioração prematura por causa de uma má construção ou por causa de manutenção deficiente.

Independentemente da opção ou da combinação de opções utilizadas numa transacção RFI para assegurar que as componentes de infraestruturas são construídas em conformidade com os padrões acordados, as principais considerações a ter pelas partes no processo de negociação são a necessidade de garantir que as

especificações para a componente de infraestruturas estão adequadamente definidas desde o início, o que pode exigir que o governo obtenha a participação de um
consultor independente caso não disponha internamente destes conhecimentos
especializados, e de assegurar que a cobertura da garantia, incluindo prejuízos a
pagar, está adequada para o tipo de infraestrutura construída.

Operação e Manutenção das Infraestruturas (O&M)

A O&M tem um papel fundamental na maior parte dos projectos de infraestruturas, tanto nos países em desenvolvimento como nos países desenvolvidos.
Num projecto de infraestruturas no modelo de financiamento de projecto, o investidor privado está motivado, juntamente com os mutuantes do projecto, no sentido
de assegurar que as instalações são operadas e mantidas adequadamente durante
toda a vida do investimento; se as instalações falharem, o projecto deixa de produzir receita, perdendo tanto os mutuantes como os investidores no capital.
As transacções do tipo PPP podem proteger os investidores de parte dos prejuízos,
se o projecto falhar, e impor prejuízos ao governo como um parceiro no projecto.
Nas transacções clássicas de aquisição de infraestruturas pelo estado, é lamentável
que muitos governos de países em desenvolvimento tenham menos dificuldade
em angariar financiamento de doadores e de agências exportadoras de crédito
para novas infraestruturas, ou para uma profunda reabilitação de infraestruturas
deterioradas, do que para actividades prudentes de manutenção corrente.

Numa transacção RFI, a linha de crédito, baseada no comprometimento do
fluxo previsto de receitas governamentais provenientes da componente de recursos, é utilizada para adquirir infraestruturas mas, como o mutuante olhará para a
componente de recursos como um meio de pagamento do empréstimo, ele poderá não se concentrar na sustentabilidade de longo prazo das instalações de infraestruturas. Assim, o governo é responsável por assegurar que as instalações que
compra com a linha de crédito são operadas e mantidas com vista a oferecer ao
país o melhor valor global, como acontece numa transacção clássica de aquisição
de infraestruturas pelo Estado.

Uma opção para melhorar esta situação seria a utilização de porções adicionais
da linha de crédito, resultante da componente de recursos de um projecto RFI,
para adquirir um contrato O&M plurianual de uma empresa privada de O&M,
talvez uma afiliada do contratante da construção (essencialmente fazendo da instalação da infraestrutura uma actividade do tipo PPP). Esta abordagem poderia ser
utilizada para vários projectos de infraestruturas, tais como edifícios de escolas ou
hospitais, projectos de tratamento de água ou de águas residuais ou projectos rodo-
viários. O prazo do contrato de O&M poderia ser até à data em que se prevê que
o governo terá receitas não comprometidas disponíveis, provenientes do projecto
de recursos ou de qualquer outra fonte, suficientes para fazer os pagamentos
de O&M numa base constante. Esta abordagem reduziria a utilização da linha de
crédito no equivalente ao custo do contrato de O&M durante o prazo mas garan-
tiria a sustentabilidade do investimento e poderia melhorar os termos da garantia
oferecidos pelo contratante da construção se for contratado um afiliado do empreiteiro para o contrato de O&M.

Uma outra opção seria que o governo utilizasse a totalidade da linha de crédito
o mais cedo possível para projectos de construção de infraestruturas e encontrasse
fontes alternativas de financiamento (incluindo subvenções/empréstimos de doadores, parceiros do sector privado ou outros) para pagar certas categorias de despesas

de O&M. Esta opção seria a melhor para os casos em que se espera que a infraestrutura produza algumas receitas, ou seja, receitas suficientes para os custos dos salários actuais mas não receitas suficientes para pagar outros custos de O&M destinados a manter a unidade física ou a renovar o equipamento ou materiais.

Em qualquer dos casos, a separação da componente O&M do projecto de infraestrutura do concurso para a construção da instalação da infraestrutura é uma outra forma de aumentar a transparência e a concorrência numa transacção RFI, em especial se as condições da linha de crédito limitarem as opções originais do governo de um concurso de construção competitivo.

Especificação das Normas Técnicas e Requisitos de Monitorização

Em cada projecto, ao abrigo de qualquer modelo, o governo tem de especificar normas técnicas claras antes de a construção começar e antes da negociação dos contratos de construção. A escolha das normas a vigorar para um projecto terá um impacto directo no custo do projecto. Acordar as normas que se aplicam às componentes de infraestruturas e de recursos do projecto RFI — e, em particular, os requisitos ambientais e sociais — é tão importante na negociação de um projecto RFI como de qualquer outro, desde as transacções clássicas de aquisição de infraestruturas pelo Estado até às transacções de financiamento do projecto.

Os potenciais investidores em transacções RFI (incluindo um governo que inicie um acordo-quadro em nome de um promotor de recursos) podem propor aquilo que, à primeira vista, parece um "acordo feito" com nenhumas ou poucas especificações dos padrões de construção e com pouca margem para negociação. Os governos anfitriões, entretanto, são responsáveis pela negociação destas transacções para assegurar que a infraestrutura a ser construída cumpre os requisitos locais. Um governo tem de ter presente em todas as ocasiões que as componentes de infraestruturas estão a ser construídas com o dinheiro do próprio governo, se bem que de forma acelerada mediante a entrega do fluxo de receitas futuras em troca do empréstimo actual.

Caixa 7.1 Escolha das Normas

A questão de quais as normas a utilizar para um determinado projecto não tem uma resposta unívoca. A utilização de padrões inadequados pode resultar em infraestruturas inadequadas. Por exemplo, se o padrão escolhido para a construção de uma central eléctrica exigir medidas dispendiosas para protecção anti-sísmica, mas a área onde a central vai ser construída não for uma área sísmica, então o custo da central será demasiado alto. Por outro lado, se um contrato para um projecto rodoviário contiver normas que não reflitam as condições da sub-superfície da área onde a estrada irá ser construída ou não reflitam o tipo de tráfego de camiões que vai utilizar a estrada, então o custo do projecto será baixo, mas a estrada irá provavelmente deteriorar-se muito depressa. Assim, não é necessário utilizar as normas mais rigorosas em todos os casos, mas antes utilizar — e depois aplicar — as normas apropriadas para o projecto específico.

O desenvolvimento de normas, e a sua actualização ao longo do tempo, é uma sobrecarga regulamentar dispendiosa. Podem ser adoptadas as normas de outro país, após uma consideração cuidadosa e, quando apropriadas para um projecto específico, podem poupar tempo

a caixa continua na página seguinte

Caixa 7.1 Escolha das Normas *(continuação)*

e dinheiro. Também existem normas amplamente aceites neste domínio, tais como os contratos de construção FIDIC, desenvolvidos pela International Federation of Consulting Engineers, ou os padrões IEEE, desenvolvidos pelo Institute of Electrical and Electronics Engineers. Estas normas apresentam frequentemente disposições alternativas, havendo que fazer escolhas dependendo das circunstâncias específicas de cada projecto. A vantagem de utilizar normas internacionalmente aceites é o facto de os fornecedores e promotores as conhecerem bem, o que permite um concurso mais competitivo e uma redução do custo da supervisão e da garantia de qualidade. As normas utilizadas, mesmo no caso daquelas que são internacionalmente aceites, têm de ser adequadas às necessidades específicas do projecto do governo.

Da mesma forma, o governo é responsável por monitorizar a construção e operações das instalações da infraestrutura construída com transacções RFI, assim como monitorizar qualquer outro contrato de construção em que seja a entidade compradora no âmbito de uma transacção clássica de aquisição pública de infraestruturas. Pode confiar-se no investidor nos recursos (e seu mutuante) para supervisionar a construção das instalações da componente de recursos, incluindo infraestruturas associadas, com vista a assegurar que as instalações cumprem os requisitos técnicos mas, mesmo para essas componentes, o governo também tem o direito — e a obrigação — de supervisionar a construção para garantir o cumprimento de todas as exigências ambientais e sociais aplicáveis, para além da observância dos códigos de construção aplicáveis.

Se um governo não tiver peritos disponíveis que possam monitorizar adequadamente quer a infraestrutura, quer as actividades de construção ou de operação dos recursos, ou os aspectos técnicos, ambientais, sociais ou outros, poderão ser contratados consultores especialistas na matéria. Os custos destes consultores podem ser pagos directamente com fundos do governo, de fundos disponibilizados por outros doadores ou da linha de crédito disponibilizada ao abrigo da transacção RFI. Os governos poderiam considerar quais as porções dos relatórios, do especialista que monitoriza o cumprimento (desde que não inclua informações confidenciais), que devem ser tornadas públicas com vista a aumentar a transparência das transacções e reduzir o cepticismo público. A importância da transparência é ainda maior quando as monitorizações descobrem problemas na construção ou na operação de qualquer parte das facilidades da transacção RFI; o reconhecimento público de um problema e os passos a tomar para o resolver irão aumentar a percepção pública quer do projecto propriamente dito, quer do papel do governo no projecto.

CAPÍTULO 8

Conclusões

Como temos visto, o modelo de infraestruturas financiadas por recursos (RFI) foi desenvolvido como uma forma de atender às necessidades dos investidores e dos governos. Os governos dos países em desenvolvimento, ricos em recursos, querem obter as infraestruturas essenciais para melhorar as vidas das populações e fazer crescer as suas economias; os promotores de recursos querem investir no desenvolvimento e produção destes recursos para realizarem lucros. O modelo RFI faz a ligação da actividade de desenvolvimento de recursos com o acesso governamental acelerado a infraestruturas através de um mecanismo de financiamento inovador.

Em restrospectiva, a execução dos primeiros projectos, que se pode considerar como tendo utilizado variantes do modelo RFI, não foi ideal como o comprovam as críticas académicas e da imprensa a esses projectos. Mas acreditamos que uma parte significativa dos aparentes problemas de execução pode reflectir uma compreensão inadequada do modelo RFI — tanto a nível dos intervenientes como dos críticos — como uma forma "swap" ou de "troca directa", e não de uma nova forma de financiamento.

Os autores deste estudo reconhecem um grande valor no modelo RFI, em particular como uma forma de acelerar o desenvolvimento de infraestruturas através do comprometimento, com recurso limitado, das futuras receitas governamentais de um projecto de desenvolvimento de recursos. Até à data, utilizou-se o financiamento concessional para estas transacções, sobretudo do país do promotor de recursos, mas afigura-se-nos haver margem para outros doadores e instituições financeiras investirem ou fazerem um empréstimo, em paralelo com o projecto RFI, destinado a alavancar o valor do projecto para o país através do aumento da competitividade, sustentabilidade e melhores factores ambientais e sociais.

Existem muitas questões importantes de ordem financeira, estrutural e operacional ou afins que os intervenientes têm de considerar antes de entrarem em negociações para uma transacção no modelo RFI. A maior parte destas questões são comuns a qualquer transacção no âmbito de qualquer modelo, em qualquer país. Contudo, a resolução das questões tem de ser adaptada à transacção específica e às políticas e interesses específicos dos participantes na transacção.

Elaboramos este estudo, não como uma forma de resolver as questões discutidas acima mas para iniciar uma discussão entre os intervenientes sobre uma forma nova e potencialmente muito útil de financiar projectos de infraestruturas no mundo em desenvolvimento. As partes interessadas, que possam vir a participar numa transacção RFI, devem considerar as deficiências das experiências até à data, ao abrigo do modelo RFI, com vista a criar e executar transacções melhores no futuro.

Aguardamos com expectativa o debate.

PARTE 3

Comentários

Paul Collier
Co-Director, Centre for the Study of African Economies,
    Universidade de Oxford
Professor de Economia e Políticas Públicas, Blavatnik School of
    Government, Universidade de Oxford

Alan Gelb
Senior Fellow, Center for Global Development
Antigo Economista Chefe para África do Banco Mundial

Justin Yifu Lin
Honorary Dean of the National School of Development,
    Universidade de Pequim
Antigo Economista Chefe do Banco Mundial

S.Exa. Clare Short
Presidente, Iniciativa para a Transparência das Indústrias Extractivas

Yan Wang
Professora Convidada, George Washington University

Louis T. Wells
Professor Emérito de Herbert F. Johnson, Harvard Business School

Comentários de Paul Collier

Co-Director, Centre for the Study of African Economies,
Universidade de Oxford

Professor de Economia e Políticas Públicas, Blavatnik School
of Government, Universidade de Oxford

Trata-se de um estudo útil mas mais jurídico do que económico. Vou fazer cinco comentários económicos.

Primeiro, associar a extracção de recursos com infraestruturas é uma *tecnologia de compromisso*. Se eu estivesse no lugar de um ministro das finanças prudente, consideraria este aspecto das transacções bastante atractivo. Se, em vez disso, o ministro seguir o conselho clássico de uma instituição financeira internacional (IFI) e vender os recursos naturais, inscrevendo as receitas no orçamento, estará de facto a preservar a flexibilidade quanto ao modo de gastar mas essa flexibilidade não é necessariamente desejável. Os ministros responsáveis pelo esgotamento dos seus recursos naturais precisam de uma tecnologia de compromisso para assegurar que os futuros decisores dedicam uma proporção razoável destas receitas insustentáveis para a acumulação de activos (de qualquer tipo). Tradicionalmente, um ministro das finanças não tem muita tecnologia de compromisso: no momento em que as receitas chegam, ele pode até já não ser o ministro das finanças e, mesmo que seja, as suas opiniões podem não prevalecer num governo que se defronta com pressões para satisfazer despesas recorrentes. Com as eleições contestadas, aumentou a pressão para utilizar as receitas dos recursos com despesas recorrentes: os horizontes temporais dos governos encurtam, exactamente quando as descobertas de recursos obrigavam a que os seus horizontes alargassem. Ao renunciar às futuras receitas para financiar infraestruturas, o governo concretiza este pré-compromisso. Não é, obviamente, a melhor opção de todas. A melhor seria uma tecnologia de compromisso de activos que deixasse em aberto a escolha de activos. Mas esta pode ser a melhor opção disponível.

Segundo, a natureza opaca das transacções de recursos para infraestruturas (a seguir designadas por RfI) é realmente preocupante. Mas a principal razão é o facto de existir uma situação de monopólio no fornecimento dessas transacções. Se houvesse vários fornecedores do pacote de negócios — por exemplo, se os doadores bilaterais se associassem às suas empresas nacionais de recursos e de construção — então, o valor das transacções RfI podia ser determinado através de concursos, mesmo que, internamente, permanecessem opacas. Esta poderia ser uma abordagem mais realista do que tentar tornar as transacções mais transparentes. Os governos ficariam então aptos a iniciar processos de licitação para as infraestruturas que pretendiam, em vez de enfrentar propostas não solicitadas *ad hoc* como acontece agora.

Terceiro, uma razão importante pela qual os governos consideram este modelo atractivo é a sua rapidez. O estudo realça a rapidez da concessão de financiamento (por oposição a esperar pela realização de receitas) mas, uma outra razão fundamental para a sua rapidez é o facto de contornarem os procedimentos morosos com que as IFIs guarneceram a sua concessão de financiamento para as infraestruturas. As avaliações de impacto ambiental, os procedimentos de aquisições e outros foram desenhados com boas intenções mas, o motivo para estas medidas não é a procura manifestada pelos governos africanos, mas sim o lobbying das organizações não-governamentais ocidentais. Suspeito que estes procedimentos atingiram o ponto de serem disfuncionais, mesmo nos seus próprios termos, porque levam a uma forma de contornar totalmente as transacções RfI na sua forma actual. As IFIs têm de encontrar uma forma de racionalizar radicalmente os seus procedimentos por forma a enquadrarem os requisitos expressos pelos governos africanos; caso contrário tornar-se-ão irrelevantes para o processo de investimento em infraestruturas em África.

Quarto, considerando que o âmbito do estudo está explicitamente limitado a infraestruturas funcionalmente não relacionadas com o projecto de extracção, as infraestruturas fornecidas nestas transacções podem ser de dois tipos. Algumas podem estar relacionadas com as necessidades de extracção de recursos, como quando o país obtém um aeroporto em troca de minério. Outras infraestruturas são realizadas porque são necessárias para a extracção de recursos. Neste caso, levantam-se questões importantes sobre como atender outros potenciais utilizadores. Os governos deveriam, em princípio, insistir que as infraestruturas a troco da extracção de recursos deveriam ser desenhadas por forma a serem simultaneamente multiusuárias (ou seja, envolvendo outras empresas de extracção de recursos) e multifuncionais (ou seja, assegurando o transporte de mercadorias para além dos próprios recursos naturais). No entanto, o obstáculo está no cálculo dos preços. Por exemplo, uma linha férrea tem custos fixos muito elevados, de modo que os custos marginais são bastante mais baixos do que os custos médios. Uma utilização eficiente das infraestruturas necessárias para a extracção de recursos exige que os custos fixos sejam cobertos pelo transporte de recursos naturais, permitindo que os utentes de mercadorias de outro tipo paguem apenas um custo marginal. Isto precisa de estar escrito na estrutura regulamentar acordada no momento da contratação. O governo tem de representar os interesses dos potenciais utilizadores de outros tipos de mercadorias diferentes de recursos naturais.

Por fim, considere uma infraestrutura (tal como uma central eléctrica), cuja construção é financiada através do comprometimento pelo governo das futuras receitas de recursos naturais. Tendo presente que as fases de negociação e construção de infraestruturas, como uma central eléctrica, frequentemente se têm revelado excessivamente onerosas para o modelo de financiamento de projecto (motivo pelo qual é necessário o comprometimento das receitas dos recursos), uma vez construída e em funcionamento passa a constituir um risco relativamente baixo. Nesta fase, o governo podia revender a infraestrutura a um operador privado. Uma transacção deste tipo não precisa de ser acordada na altura em que se decide o RfI, mas deverá ser preservada como uma opção a exercer. Num ambiente de escassez de capital e de risco elevado, os governos não deveriam imobilizar o seu capital limitado em infraestruturas de baixo risco e com uso intensivo de capital que poderiam ser operadas pelo sector privado. Se for utilizado desta forma, o comprometimento das receitas de recursos é uma garantia colateral útil para desbloquear os obstáculos que têm malogrado o modelo de financiamento de projecto em ambientes difíceis.

Comentários de Alan Gelb

Senior Fellow, Center for Global Development
Antigo Economista Chefe para África do Banco Mundial

A metodologia de Infraestruturas Financiadas com Recursos (RFI) tem gerado uma enorme controvérsia, e o estudo realiza um serviço valioso no que toca a configurar a abordagem de forma sistemática e, com base em várias outras metodologias, a explicar qual a novidade que ela encerra. Como o estudo explica, existem três componentes: o lado dos recursos envolvendo os termos para a geração de fluxos de receitas futuras; a estruturação de um acordo de empréstimo garantido por parte do fluxo das receitas dos recursos e o uso dos fundos para desenvolver investimentos em infraestruturas em antecipação do recebimento real das receitas de recursos. Tal permite ao país anfitrião hipotecar parte das suas receitas futuras para acelerar os seus planos de desenvolvimento de uma forma que, de outro modo, não seria possível.

O estudo estabelece distinções úteis entre os princípios subjacentes ao modelo RFI e práticas passadas na sua implementação, argumentando que as falhas de execução não invalidam necessariamente os pontos positivos da metodologia. Em particular, defende com muita propriedade a necessidade de maior transparência, o que também irá ajudar a aumentar a compreensão do método RFI, como sendo mais do que um swap de recursos por infraestruturas. Se as transacções iniciais tivessem sido implementadas de forma transparente, a abordagem poderia, na verdade, ter causado menos controvérsia e preocupação. Como o estudo refere, todas as abordagens têm vantagens e desvantagens, pelo que muitas das objecções que se podem levantar contra o modelo RFI podem, também, aplicar-se a outros modelos. Mas ainda existem questões acerca dos prováveis incentivos neste tipo de contrato, incluindo alguns que parecem estimular a falta de transparência.

O primeiro teste para uma potencial transacção RFI é a natureza da vantagem obtida com a titularização dos futuros fluxos de receitas de recursos. Do estudo, não fica claro de que modo poderia melhorar o crédito de um governo de alto risco que não conseguiu contrair dívida soberana. O Zimbabwe, por exemplo, iria melhorar o seu crédito ao comprometer as receitas dos seus diamantes Marenge? Que garantias adicionais se fornecem ao mutuante para além daquelas que se oferecem a um credor soberano? Se poucas, seria de esperar que um empréstimo RFI fosse disponibilizado por um credor concorrencial apenas a um custo elevado.

O estudo também parece assumir que outros mutuantes, tais como o Fundo Monetário Internacional (FMI) ou um banco multilateral de desenvolvimento (BMD), que pudessem ter condições para limitar a contracção de mais dívida soberana, cruzarão passivamente os braços enquanto o governo compromete uma parte das suas futuras receitas de recursos naturais. Isto não parece realista. Mesmo que o país estivesse em condições de contrair mais dívida comprometendo futuros impostos sobre recursos, tal iria baixar ainda mais a capacidade creditícia junto de outros credores e de outros empréstimos e, consequentemente, teria um custo para o país que se soma ao custo do empréstimo para a infraestrutura.

O segundo teste para o RFI é determinar se um acordo destes poderia ainda ser atractivo se cada uma das três componentes fosse negociada separadamente e com divulgação integral. Isto parece não ter sido o caso, até à data. O estudo reconhece que todos os contratos RFI envolvem, provavelmente, ligações entre as três componentes e que tal, inevitavelmente, funciona contra a transparência (por exemplo, o mutuante mais provável é uma entidade que está familiarizada com os desenvolvimentos de recursos). Refere um número de factores que podem incentivar ligações entre a empresa de recursos, o mutuante e os fornecedores de infraestruturas, incluindo um possível interesse estratégico de um país importador em obter acesso aos próprios recursos. Sem estas ligações, os custos totais de adiantar despesas com infraestruturas a um produtor de recursos insolvente poderiam ser altos, especialmente se o mutuante incluir no preço a totalidade dos riscos. Com as ligações e sem uma transparência integral em cada uma das três componentes, a transacção RFI torna-se excessivamente complexa, ficando cada vez mais difícil para quem está de fora compreender e monitorizar os custos e os benefícios de cada transacção e enfraquecendo a supervisão parlamentar dos compromissos orçamentais do governo. Não é claro que a falta de transparência nos casos existentes seja um acidente, ou motivada pela falta de compreensão do instrumento.

Permanecem, assim, algumas questões sobre exactamente de que modo o modelo RFI ultrapassa as imperfeições dos mercados de crédito e sobre se o modelo seria viável em condições de transparência e de plena concorrência.

O estudo faz uma sugestão interessante sobre o uso de fundos concessionais de mutuantes oficiais, com vista a baixar o custo do crédito concedido contra o comprometimento de fluxos de receitas futuras. Poderia tomar várias formas, como por exemplo, a redução da taxa de juro ou uma garantia de risco parcial em caso de incumprimento do acordo pelo governo. Para que isto seja viável, a transacção RFI teria de ser altamente transparente, incluindo em todas as três componentes e, de preferência, incluindo as aquisições. Alguns países estão a tomar este caminho e seria útil estudar as suas experiências.

Uma precaução que não é suficientemente realçada pelo estudo é o mau registo histórico de enormes e aceleradas expansões de investimento numa série de países exportadores de recursos. Estes são mais graves quando uma afluência de recursos permite uma ampliação rápida do investimento, com uma enorme antecedência relativamente aos sistemas necessários para o gerir bem. Este facto introduz uma camada adicional de cautela quando se aprecia o modelo RFI.

Por outro lado, o estudo também parece não ter em conta uma defesa importante da abordagem. Pelo menos o país produtor de recursos receberá algumas infraestruturas em troca dos seus recursos, comparativamente ao possível cenário alternativo de ou não inscrever as receitas no orçamento ou, uma vez inscritas, serem desperdiçadas ou roubadas. O RFI também pode ser visto como um mecanismo de pré-comprometimento, limitando a capacidade de um governo sucessor espoliar um imenso fundo de riqueza soberana.

Comentários de Justin Yifu Lin* e Yan Wang**

*Honorary Dean of the National School of Development,
Peking University e Antigo Economista Chefe do Banco Mundial
**Professora Convidada, George Washington University

A economia mundial precisa de uma estratégia para promover o crescimento, e o financiamento de infraestruturas parece ser a chave do problema.[1] Quando pensamos em financiamento de longo prazo para a era pós-2015, parece oportuno este esforço de pesquisa, iniciado pelo Banco Mundial, visando uma melhor avaliação do modelo de infraestruturas financiadas por recursos naturais (RFI). O estudo fornece um enquadramento para se avaliar os pontos fortes e os fracos de vários acordos contratuais para o financiamento de infraestruturas, incluindo o modelo RFI. É pertinente, objectivo e com uma investigação cuidadosa. Esta iniciativa analítica deve continuar.

Os autores têm razão em sublinhar a dimensão temporal do modelo RFI, ao referir que ele "pode trazer benefícios consideráveis para um país [anfitrião] e seus cidadãos,... **anos antes** daquilo que teria sido possível com qualquer outro modelo", mas o estudo diz relativamente pouco sobre o lado "estrutural" da análise. Com base no fundamento intelectual da New Structural Economics (Lin 2012), gostaríamos de destacar os aspectos relacionados com o desenvolvimento do conceito RFI, salientando em especial as dimensões "estruturais", "moeda" e "espacial", bem como questões de economia política e de transparência, deixando a avaliação das passadas transacções RFI para uma outra análise futura.

Em primeiro lugar, o desenvolvimento económico é um processo de contínua melhoria industrial e tecnológica no qual, cada país, independentemente do seu nível de desenvolvimento, poderá ter sucesso se desenvolver indústrias consistentes com a sua vantagem comparativa, determinada pela estrutura dos seus recursos. No entanto, este processo não é espontâneo. Se o governo não desempenhar o papel de facilitador para vencer os problemas inerentes de coordenação e de externalidade do processo, o sector privado pode não ter interesse em fazer uma diversificação para novos sectores, com base nas alterações da estrutura dos recursos minerais do país. O conceito RFI pode ajudar a ligar a extracção de recursos com a construção de infraestruturas destinadas a aliviar o efeito de estrangulamento, duas cadeias de abastecimento de outra forma segregadas, reduzindo assim os custos de transacção.

Em segundo lugar, sobre a questão da "atribuição de valor" do modelo RFI, os autores indicam que "um crédito RFI pode ser a **opção de custo mais baixo** por obter infraestruturas essenciais que não conseguem gerar receitas suficientes para apoiar uma transacção no modelo financiamento de projecto". Também indicam, e com razão, as lacunas deixadas por anteriores modelos de financiamento de infraestruturas, que podiam ser preenchidas pelo modelo RFI, incluindo a característica interessante de empréstimos "sem recursos". Se as passadas transacções RFI tivessem, na verdade, incluído um elemento de empréstimos "sem recursos" favorecendo o mutuário, o mutuante teria assumido riscos mais elevados do que no caso de empréstimos com o direito a recurso integral. Este serviço único de seguro prestado pelos mutuantes nas transacções RFI, que de outra forma não estaria disponível, ainda tem de ser totalmente apreciado e atribuído o preço pela comunidade de desenvolvimento. Deixemos este assunto para uma investigação adicional.

Em terceiro lugar, o conceito RFI contribui para ultrapassar vários constrangimentos em países de baixo rendimento mas ricos em recursos, e um destes constrangimentos é o desfasamento entre moedas. É bem conhecido que o fluxo de receitas de uma determinada infraestrutura denominado em moeda local não pode ser utilizado para reembolsar empréstimos em moeda estrangeira. Idealmente, a transformação estrutural não deveria ser constrangida pela insuficiência de divisas estrangeiras. O modelo RFI de financiamento ao desenvolvimento centra-se no sector real e depende menos dos fluxos de tesouraria denominados em moeda estrangeira. Este conceito reduz o montante de divisas estrangeiras que um país tem de ter para amortizar as dívidas externas, desde que tenha potencialidade para produzir alguma matéria-prima que possa ser vendida nos mercados internacionais, tais como petróleo ou gás ou cacau (no caso da Barragem de Bui no Gana) que possam gerar um fluxo de receitas no futuro.

Nem todos os países têm acesso igual aos mercados financeiros internacionais o que lhes permitiria emitir obrigações para o desenvolvimento de infraestruturas, pelo que é preciso encontrar abordagens inovadoras para financiar o seu desenvolvimento. O modelo RFI permite a troca de um recurso por outro activo produtivo no longo prazo, apoiando assim uma verdadeira diversificação sectorial sem depender inteiramente do mercado financeiro. Adicionalmente, reduz as fugas devidas à transferência para fora do país das receitas/rendas dos recursos, ou as fugas de capital. Este intercâmbio sectorial "real" por "real" podia ajudar a ultrapassar graves constrangimentos financeiros e de governação registados por países de baixo rendimento mas ricos em recursos. Os países com constrangimentos impostos por défices de capacidade, um intercâmbio "real" por "real", como por exemplo, programas de "alimentos a troco de trabalho", projectos chave na mão, intercâmbio de "mercado tecnológico", bem como o modelo de "recursos para infraestruturas", se bem desenhados e executados, podem levar a resultados de desenvolvimento, tais como estradas ou escolas no terreno num prazo de três a cinco anos, ou até menos.

Em quarto lugar, nem todas as classes de activos são iguais em termos de produtividade e do seu impacto na pobreza. Alguns são bens públicos ou semi-públicos e outros são bens privados. Certos tipos de infraestruturas têm capacidade para libertar estrangulamentos, com elevado impacto no desenvolvimento; outras já não. O modelo RFI podia ajudar a integrar e "agrupar" o fornecimento de bens públicos juntamente com a extracção de recursos naturais (bens privados) de uma forma significativa (por exemplo, em redor de uma zona eco-industrial) que podia bene-ficiar a população do país anfitrião, bem como tornar atractivo para o sector priva-do o fornecimento de bens públicos.

Que tipo de investimento em infraestrutura pode "pagar-se por si próprio" e ser financeiramente viável? Aqui entra em cena a geografia económica: infraestruturas combinadas com zonas industriais baseadas em polos ou desenvolvimento urbano podem ter um impacto maior no crescimento e na pobreza. Paul Krugman e outros proponentes da nova teoria comercial e da nova geografia económica têm mostrado que existe uma natureza que se reforça a si própria na concentração espacial. A concentração empresarial realiza-se e é sustentada porque a própria concentração espacial cria um ambiente económico favorável, que apoia uma concentração adicio-nal. Estes benefícios da aglomeração reduzem os custos de transacção das empresas e aumentam a competitividade da indústria de uma nação, quando comparada com a mesma indústria noutros países com um nível de desenvolvimento semelhante, conforme argumenta Michael Porter.

Em quinto lugar, é responsabilidade dos governos e das organizações financeiras internacionais promover a inovação de acordos contratuais que possam transformar o financiamento de curto prazo em financiamento de longo prazo, não transacioná-veis em transaccionáveis (como no caso do comércio do carbono) e activos ilíquidos em líquidos (fundos de investimento cotados e títulos garantidos por activos). Aqui, entra em jogo a mutualização de riscos. Se puder ser criado (Lin e Wang 2013) um Fundo Global de Transformação Estrutural (GSTF) suficientemente grande — no mínimo de USD 50 mil milhões a USD 100 mil milhões em volume e com uma carteira diversificada —, os riscos nos projectos bilaterais de infraestruturas podem ser fortemente reduzidos.

Entretanto, a dimensão de economia política tem um papel fulcral para a gestão de risco. Por outro lado, o conceito RFI pode ser bem acolhido por governos demo-craticamente eleitos, graças à sua capacidade para "rapidamente" produzirem resul-tados de desenvolvimento. Em contrapartida, esta característica pode ser prejudicial para o ciclo de reembolso porque o governo seguinte, tendo esquecido os benefícios obtidos no período inicial, pode revogar as concessões ou pedir uma renegociação. Numa amostra de 1000 concessões concedidas por países da América Latina e Caraíbas, entre 1985 e 2000, 30% foram renegociadas dentro de 2,2 anos, com a taxa de renegociação mais elevada situada no sector da água e saneamento (74%) (Guasch 2004, 12).

Existem preocupações legítimas com as questões de transparência em torno dos pacotes RFI. Apoiamos resolutamente os princípios da Iniciativa para a Transparência das Indústrias Extractivas (EITI) por motivos morais, políticos e de gestão de risco. A história mostrou que, relativamente à gestão do risco político, é importante manter um equilíbrio entre o compromisso com a transparência e um certo nível de confidencialidade durante as negociações (ver caixa 5.4). Na nossa opinião, **quaisquer "transacções" negociadas às escuras — sem o apoio do público em geral — têm uma maior probabilidade de serem revogadas ou renegociadas** mais tarde, se houver uma mudança de governo. Esta lição da histó-ria deverá estar sempre presente.

Por último, para os formuladores de políticas de África, que estejam motivados para construir infraestruturas para os seus cidadãos, esta solução poderia ser alta-mente vantajosa se cuidadosamente identificarem sectores que sejam consistentes com as vantagens comparativas locais e pró-activamente adoptarem uma aborda-gem de **zona industrial baseada em polo**. Com os custos laborais da China a subirem rapidamente, será possível criar 85 milhões de empregos em indústrias transformadoras com uso intensivo de mão-de-obra para muitos países de baixo rendimento. Um exemplo vívido é Huajian, um dos maiores exportadores de sapatos da China, que abriu uma fábrica grande na Etiópia, deu formação aos trabalhadores e começou a exportar ao fim de quatro meses. Esta fábrica emprega actualmente mais de 2 000 trabalhadores etíopes. Huajian não teria conseguido alcançar este resultado sem a Zona Industrial Oriental, desenvolvida conjuntamente pelos governos da Etiópia e da China.

Em termos gerais, o estabelecimento de um GSTF que diminua o défice de financiamento das infraestruturas seria também uma situação reciprocamente vantajosa para o mundo (Lin e Wang 2013). O conceito RFI não é uma panaceia, mas apenas um dos vários tipos de modelos de financiamento de infraestruturas, dependendo o seu sucesso de uma adequada estruturação e execução. Agora, é o tempo de pôr em prática estas ideias e criar infraestruturas libertadoras de estangulamentos assentes nas vantagens comparativas de um país, urgentemente necessárias para apoiar empregos e um crescimento sustentável, tanto em países de alto rendimento como em países em desenvolvimento.

Nota

1. Os autores agradecem a Håvard Halland, Bryan Land, Vivien Foster e Shuilin Wang pelo debate. As opiniões expressas são da inteira responsabilidade dos autores e não representam os pontos de vista das instituições a que estão associados. Comentários e sugestões podem ser enviados para a correspondente autora Yan Wang em yanwang2@gwu.edu.

Comentários de Clare Short

Presidente, Iniciativa para a Transparência das Indústrias Extractivas

O estudo é uma contribuição oportuna para o debate sobre infraestruturas financiadas com recursos naturais (RFI). A Iniciativa para a Transparência das Indústrias Extractivas (EITI; www.eiti.org) assenta no princípio de que uma compreensão pública de receitas e despesas do Estado pode contribuir para o debate público e informar a escolha de opções adequadas e realistas para o desenvolvimento sustentável. Este princípio é particularmente relevante para o RFI.

Trinta e nove países estão actualmente a implementar a EITI. Para alcançar o estatuto de conformidade da EITI, deverão publicar relatórios anuais que forneçam dados atempados, abrangentes e fiáveis sobre as indústrias do petróleo, gás e mineração. Em 2011, a EITI introduziu um requisito respeitante ao fornecimento de infraestruturas e acordos de troca directa. Quando relevante, os países que estão a implementar a EITI terão de desenvolver um processo de reporte "com vista a obter um nível de transparência proporcional a outros fluxos de pagamentos e receitas" (Regras EITI, requisito 9(f)). As transacções RFI não estavam a ser destacadas ou a receber um tratamento especial. O Conselho da EITI estava, antes, a reiterar a importância de condições equitativas e de que se devem aplicar os mesmos níveis de transparência a todos os acordos contratuais para extracção de recursos. Em Maio de 2013, a EITI adoptou uma Norma EITI revista, que acrescentou mais clareza ao tratamento daquilo que a EITI descreve como disposições para o fornecimento de infraestruturas ou acordos de troca directa (ver caixa A.1).

Caixa A.1 A Norma da EITI relativa ao Tratamento de Infraestruturas Financiadas por Recursos Naturais

Requisito 4.1(d) Disposições para o fornecimento de infraestruturas e acordos de troca directa

O grupo de múltiplos intervenientes e o Administrador Independente deverão examinar se existem quaisquer acordos, ou conjuntos de acordos, que envolvam o fornecimento de bens e serviços (incluindo empréstimos e obras de infraestruturas), a troco de uma permuta integral ou parcial por petróleo, gás ou exploração de minas ou concessões de produção ou entrega física dessas matérias-primas. Para tal, o grupo de múltiplos intervenientes e o Administrador Independente precisam de adquirir uma compreensão total dos termos dos acordos e contratos relevantes, das partes envolvidas, dos recursos que foram comprometidos pelo Estado, do valor do fluxo de

a caixa continua na página seguinte

**Caixa A.1   A Norma da EITI relativa ao Tratamento de Infraestruturas Financiadas
por Recursos Naturais** *(continuação)*

benefícios compensatórios (por exemplo, obras de infraestruturas) e da materialidade destes acordos relativamente a contratos convencionais. Quando o grupo de intervenientes múltiplos concluir que estes acordos são importantes, o grupo de intervenientes múltiplos e o Administrador Independente terão de assegurar que o relatório EITI contempla estes acordos, prestando um nível de pormenor e transparência proporcional à divulgação e reconciliação de outros fluxos de pagamentos e de receitas. Quando não for viável uma reconciliação das transacções principais, o grupo de intervenientes múltiplos deverá acordar um método para a divulgação unilateral pelas partes do(s) acordo(s) a ser incluído no Relatório EITI.

Fonte: Normas EITI, p. 27.

Um aspecto fulcral da EITI é a colaboração entre governo, empresas da indústria extractiva e sociedade civil. Com vista a endereçar eficazmente o fornecimento de infraestruturas e os acordos de troca directa, a EITI exige que os intervenientes adquiram uma compreensão total dos termos dos acordos e contratos relevantes, das partes envolvidas, dos recursos que foram comprometidos pelo Estado, do valor dos benefícios compensatórios (por exemplo, obras de infraestruturas) e a importância destes acordos face a contratos convencionais.

A Norma EITI também incentiva os países implementadores da EITI a tornarem públicos os contratos que forneçam as condições associadas à exploração de petróleo, gás e minérios (requisito EITI 3.12). A Norma EITI prossegue declarando que "é um requisito que o Relatório EITI documente a política governamental sobre divulgação de contratos..." (requisito 3.12 (b)). Contratos, neste domínio, incluem aqueles que envolvem a transacção RFI, sujeitos à condição de que a exploração de recursos seja, pelo menos, uma parte de um RFI mais vasto. Para além de incentivar a publicação destes acordos, as consequências destas disposições são, no caso de o governo decidir não os publicar, terá de explicar o por quê no relatório EITI. A norma EITI está, portanto, a reflectir uma importante evolução no sentido de uma situação onde se espera que as transacções RFI sejam tornadas públicas.

Um primeiro exemplo de como estas questões estão a ser endereçadas no contexto da EITI é o trabalho que está a ser feito na República Democrática do Congo (RDC). O mais recente Relatório EITI da RDC abrangendo o ano fiscal 2010 oferece um panorama de um acordo alcançado em 2007 entre o governo, através da estatal Gecamines, e um consórcio de empresas chinesas. O Relatório EITI também fornecia pormenores referentes aos bónus de assinatura pagos ao governo relacionados com este acordo. A Direcção da EITI acolheu com agrado os esforços iniciais da RDC destinados a endereçar as disposições sobre fornecimento de infraestruturas e os acordos de troca directa e reiterou ser necessário um tratamento abrangente destas transacções para poder cumprir os requisitos EITI. Existe claramente uma margem ampla para utilizar a plataforma EITI no sentido de aumentar a consciencialização do público acerca das transacções RFI e para transmitir actualizações sobre a execução destes acordos.

Como se discutiu no estudo, um desafio particular com o RFI é o facto de poder ser difícil estabelecer estimativas fiáveis das receitas a que o governo renuncia e o

valor da infraestrutura a ser fornecida. Os custos e os benefícios podem ser incorri-
dos ao longo de extensos períodos de tempo, e os intervenientes podem razoavelmente discordar sobre os pressupostos que precisam de ser feitos para avaliar
o seu valor líquido actual (daí, a equidade global da transacção). Onde estejam em
vigor estes acordos, a EITI focaliza-se no fornecimento de informações atempadas
sobre o estatuto dos acordos, o que permite aos intervenientes monitorizar a sua
implementação e avaliar a sua eficácia.

O estudo oferece uma orientação útil sobre o modo como os governos podem
assegurar uma boa governação e transparência quando se utiliza a extracção de
recursos para financiar o desenvolvimento de infraestruturas. Proporciona, aos
formuladores de políticas, às partes contratantes e às comunidades afectadas,
um enquadramento para compreensão e comparação das transacções RFI, monitorização da sua implementação e avaliação tanto de oportunidades como de riscos.

A EITI não pode garantir que a riqueza em recursos naturais beneficie todos os
cidadãos; para tal, exige-se uma série de esforços reformistas mais vastos.
No entanto, a transparência que a EITI oferece pode ter um papel no que toca a
informar o debate público e a estimular reformas.

Comentários de Louis T. Wells

Professor Emérito de Herbert F. Johnson, Harvard Business School

A obra "Infraestruturas Financiadas com Recursos: Origens e Questões" oferece um enquadramento para analisar aquilo que os autores chamam infraestruturas financiadas por recursos (RFI).[1] O título do estudo sugere o seu enfoque: como financiar infraestruturas. Alternativamente, poderia considerar-se estes acordos principalmente como um resultado das tentativas dos países anfitriões para obter o máximo rendimento do desenvolvimento dos seus recursos naturais. Na minha curta experiência, as propostas para uma transacção RFI (quer se leia como "infraestruturas financiadas por recursos" ou "recursos por infraestruturas") geralmente não chegam aos países anfitriões como o resultado de uma procura, por esses governos, de meios para financiar determinados projectos de infraestruturas. Até à data, nunca vi um governo dizer: "Precisamos de um novo aeroporto; vamos tentar financiá-lo através de um acordo para acesso ao nosso minério de ferro". Esse dia pode estar a chegar mas, até agora, a maior parte das propostas tem provavelmente origem em empresas que procuram desenvolver minas, campos de petróleo ou plantações. Um investidor estrangeiro interessado em garantir os recursos propõe pacotes de acordos, acordos RFI, como um meio de concorrer a esses recursos. O governo anfitrião tem, depois, de avaliar as propostas à luz daquilo que ele poderia receber de outra forma pelos recursos e daquilo que teria de pagar para financiar a infraestrutura associada, caso decidisse prosseguir, utilizando fundos de outras fontes.[2]

Equivalente a Empréstimos

Independentemente do seu enfoque, o estudo trata correctamente o RFI como o equivalente a empréstimos garantidos por recursos comprometidos, qualquer que seja a estrutura formal. Tanto o dinheiro proveniente de um empréstimo convencional como a infraestrutura agora baseada em recursos extraídos no futuro geram activos correntes para um país e exigem algum tipo de reembolso no futuro. De qualquer das formas, trata-se realmente de empréstimos. Projectos de infraestruturas bem seleccionados e cuidadosamente desenvolvidos, quer sejam pagos por um empréstimo convencional ou por recursos comprometidos, irão produzir receitas para o país que compensam o serviço da dívida futura. Se os activos recebidos inicialmente não forem investidos sensatamente, por exemplo, se acabarem em contas em bancos estrangeiros, em projectos que são verdadeiros elefantes brancos ou simplesmente no aumento do consumo, o país não irá gerar o rendimento futuro para fazer o serviço da dívida. Isto é o que acontece, independentemente do modo como o investimento é financiado. Poderá esperar-se, pelo menos, que o modelo RFI aumente as probabilidades dos fundos provenientes de recursos naturais serem investidos em activos que geram rendimentos (infraestruturas úteis) em vez de dilapidados em contas em bancos estrangeiros de governantes ou gastos inteiramente em consumo corrente.

Se bem que o enfoque da análise possa não ser muito importante no final, a ênfase do estudo dá ao RFI a aparência de ser algo novo, e os autores classificam as suas opiniões como uma novidade. Se nos concentrarmos no objectivo de obter rendimentos antecipados com os recursos naturais, verificamos que há muito que existem acordos paralelos. Em 1926, por exemplo, a Libéria fez um acordo com a Firestone para uma concessão de borracha que era acompanhado de um empréstimo ao governo. É verdade que os fundos do empréstimo não foram utilizados em infraestruturas mas, as características básicas são as mesmas. Acordos paralelos — activos agora, pelo acesso a minerais e outros recursos naturais — aparecem normalmente na forma de bónus de assinatura, associados com a actividade de mineração e, especialmente, com contratos petrolíferos. Todos fornecem fundos imediatos ao país anfitrião a troco de direitos a recursos naturais no futuro. O "reembolso" pode ser explícito, como no caso de uma transacção RFI que canaliza ou compromete receitas provenientes de impostos ou de pagamentos de royalties a favor do mutuante no futuro. Ou parte do serviço da dívida pode ser menos evidente, na forma de royalties e impostos mais baixos pagos pelo promotor de recursos, com vista a atrair o empréstimo.

Os acordos RFI diferem dos empréstimos mais simples na medida em que podem não ser contabilizados. Podem ser estruturados de forma a não aparecerem nos relatórios normais da dívida soberana do país. Neste domínio, há um paralelismo com o financiamento não reflectido no balanço, angariado pelas empresas. Ambos apresentam riscos, para os mutuantes e para os mutuários.

Criticas

Os acordos RFI oferecidos por investidores estrangeiros em África têm sido amplamente criticados, em especial por empresas ocidentais e, ocasionalmente, por governos ocidentais e por organizações internacionais. Pode-se compreender que os investidores ocidentais não fiquem entusiasmados com o aumento da competição. Além do mais, podem acreditar (talvez correctamente) que as empresas chinesas, as empresas mais frequentemente envolvidas nestes acordos, estão em vantagem em virtude de capital barato e do apoio oficial do seu governo, que as empresas ocidentais não podem igualar. Mas é difícil concluir que o aumento da concorrência seja mau para os países anfitriões, quer aceitem acordos RFI quer não. Além do mais, os países anfitriões só podem beneficiar de um capital de menor custo, se esses custos mais baixos forem na realidade passados para o país anfitrião.

As objecções, às vezes, parecem ser sobre a corrupção que se diz estar envolvida nesses acordos. Mas não há provas que apoiem firmemente a conclusão de que as transacções RFI estejam associadas com mais corrupção do que outros contratos de recursos naturais e de construção nos mesmos países anfitriões.

A maior parte das críticas levantadas contra o modelo RFI, como os autores referem, aplicam-se igualmente ao desenvolvimento independente de projectos de infraestruturas e de recursos naturais. As infraestruturas financiadas no modelo convencional também podem estar deficientemente concebidas, repletas de corrupção, deficientemente supervisionadas durante a construção e com manutenção deficitária. Da mesma forma, os acordos de recursos naturais são frequentemente mal

Infraestruturas financiadas por recursos naturais • http://dx.doi.org/10.1596/978-1-4648-0602-5

ponderados, cheios de lacunas, inadequadamente desenhados para o desenvolvimento local ou comunitário e administrados de forma descuidada em termos de cobrança de receitas e de protecção ambiental. Os países pobres normalmente são não só pobres em termos de produto interno bruto (PIB) per capita, mas também deficientes na sua capacidade para negociar com investidores estrangeiros competentes e para aplicar os acordos concluídos. Isto é intrínseco ao desenvolvimento e um problema a endereçar, independente do modelo RFI.

Os críticos destacam igualmente o sigilo em torno da maioria dos RFI. Seria naturalmente útil uma maior transparência para os investigadores e, provavelmente, para os países anfitriões. Por outro lado, os argumentos avançados por investidores em prol do sigilo raramente têm adesão. Mas a falta de transparência caracteriza a maior parte dos acordos de recursos naturais, quer envolvam infraestruturas ou não.[3]

Riscos Possíveis

Penso que o modelo RFI levanta um outro problema que ainda não foi amplamente reconhecido ou endereçado, no estudo ou algures. Se a história servir de guia, as transacções RFI têm uma particular propensão a surgirem como candidatas a uma renegociação futura. Na medida em que o serviço da dívida devido pela infraestrutura é visto como uma redução das receitas do governo provenientes de recursos naturais, é bem provável que um governo futuro, ou a oposição ao governo, considere os recursos naturais como sendo extraídos e transportados para o estrangeiro originando menos receitas governamentais líquidas do que as que são pagas a outros países. À excepção dos investidores, todos, mas sobretudo a oposição política ou um novo governo, irão provavelmente esquecer o facto de que os benefícios foram recebidos no início, na forma de infraestruturas. O enfoque vira-se para os custos. O resultado destas opiniões, caso surjam, é a pressão para uma renegociação.

Houve uma altura em que as renegociações resultantes podiam ter incomodado os investidores mas não trariam grandes problemas para os países anfitriões.[4] Aconteciam com bastante frequência, à medida que os acordos antigos se afiguravam obsoletos.[5] Mas hoje em dia, com uma arbitragem internacional mais acessível e praticável, as renegociações podem ter mais custos para os países do que no passado. Os governos que estão conscientes dos potenciais custos de uma renegociação com um investidor resistente podem hesitar, mesmo perante pressão política, em renegociar. E aqueles que não estão tão sensibilizados acabam com custos elevados de arbitragem, caso o investidor opte pela via da arbitragem. Nem a frustração de pressões políticas internas nem os custos de arbitragem, em termos de honorários, custas e decisões e possível dano à reputação do país, é de somenos importância para os interesses do país anfitrião.

No mínimo, uma compreensão intuitiva daquilo que pode acontecer ao longo do percurso pode estar subjacente a uma certa relutância por parte dos investidores ocidentais em participarem em modelos RFI.

Bom ou Mau?

A exemplo dos autores de "Infraestruturas Financiadas por Recursos", acredito que os modelos RFI não sejam, em si mesmo, bons ou maus para os países anfitriões. Deverão ser avaliados como qualquer outro acordo negocial e cuidadosamente comparados com formas alternativas de obtenção de rendimentos provenientes dos recursos naturais ou do financiamento de infraestruturas. Um menor sigilo levaria a uma análise e comparação mais fácil das transacções RFI, dos acordos clássicos de recursos naturais e do financiamento de infraestruturas. Até que sejam tornados públicos mais dados, é difícil fazer generalizações. No entanto, os autores apresentam formas úteis de reflectir sobre propostas individuais.

Notas

1. Os autores referem-se a um estudo complementar muito útil: "Building Bridges: China's Growing Role as Infrastructure Financier for Africa: Trends and Policy Options" (Foster et al. 2009).
2. Como as propostas podem especificar o projecto de infraestrutura específico em oferta, o governo tem de se perguntar se é um projecto que, noutras circunstâncias, iria desenvolver. Se a resposta for "não", ou "só com baixa pripridade", a análise tem de ser ajustada tendo em conta este facto.
3. De referir que a Libéria se comprometeu a disponibilizar ao público todos os acordos sobre recursos e publicou-os na Internet. Não vi nenhuma evidência de que qualquer investidor tenha sido prejudicado com esta actuação.
4. Em 1975, o meu coautor, David N. Smith, e eu demos ao nosso livro *Negotiating Third World Mineral Agreements*, o subtítulo de *Promises as Prologue*, em reconhecimento do facto de que as condições dos acordos de recursos naturais eram constantemente renegociadas, apesar dos compromissos de longa duração aparentemente feitos por ambas as partes. Ver Smith e Wells (1975).
5. Vide Vernon (1971, capítulo 2) sobre uma aplicação inicial do "modelo obsoleto de negociação" aos recursos naturais.

Bibliografia

African Mining Vision. 2011. "Exploiting Natural Resources for Financing Infrastructure Development: Policy Options for Africa." African Union Commission. Paper presented at the 2nd Ordinary Session of AU Conference of Ministers Responsible for Mineral Resources Development, Addis Ababa, December.

Alves, Ana Christina. 2013. "China's 'Win-Win' Cooperation: Unpacking the Impact of Infrastructure-for-Resources Deals in Africa." *South African Journal of International Affairs* 20 (2): 207–26.

Brahmbhatt, Milan, and Otaviano Canuto. 2013. "FDI in Least Developed Countries: Problems of Excess?" *Global Finance Mauritius* 1: 79–82.

Brautigam, Deborah. 2011. *The Dragon's Gift: The Real Story of China in Africa*. Oxford: Oxford University Press.

Brealey, Richard A., Ian A. Cooper, and Michel A. Habib. 1996. "Using Project Finance to Fund Infrastructure Investments." *Journal of Applied Corporate Finance* 9 (3): 25-38.

Cassel, Cosima, Giuseppe de Candia, and Antonella Liberatore. 2010. *Building African Infrastructure with Chinese Money*. Barcelona Graduate School of Economics. http://www.barcelonagse.eu/tmp/pdf/ITFD10Africa.pdf.

Dailami, Mansoor, and Danny Leipziger. 1999. *Infrastructure Project Finance and Capital Flows: A New Perspective*. Washington, DC: Economic Development Institute, World Bank.

Davies, Martyn. 2009. "The New Coupling" *Emerging Markets*, May 10. http://www.emergingmarkets.org/Article/2346316/The-new-coupling.html.

Democratic Republic of Congo-Company Corporation Sinohydro, January 2008.

Foster, Vivien. 2008. *Overhauling the Engine of Growth: Infrastructure in Africa* (draft). Washington, DC: World Bank.

Foster, Vivien, and Cecilia Briceño-Garmendia. 2010. *Africa's Infrastructure: A Time for Transformation*. Washington, DC: World Bank.

Foster, Vivien, William Butterfield, Chuan Chen, and Nataliya Pushak. 2009. "Building Bridges: China's Growing Role as Infrastructure Financier for Africa." Trends and Policy Options No. 5, World Bank and PPIAF, Washington, DC.

Freshfields Bruckhaus Deringer. 2012. *From Policy to Proof of Concept, and Beyond: Outlook for Infrastructure 2012*. http://www.freshfields.com/uploadedFiles/SiteWide/News_Room/Insight/Project_Bonds/Outlook%20for%20infrastructure%202012.pdf.

Guasch, J. Luis. 2004. *Granting and Renegotiating Infrastructure Concessions: Doing It Right*. Washington, DC: World Bank.

Global Witness. 2011a. "$6bn Congo-China Resource Deal Threatened by Lack of Information." March 8. http://www.globalwitness.org/library/6bn-congo-china-resource-deal-threatened-lack-information.

———. 2011b. "China and Congo: Friends in Need." A report by Global Witness on the Democratic Republic of Congo, London, United Kingdom.

Group Gecamines-Consortium of Chinese Enterprises. December 2007. Joint Venture Agreement.

Hellendorff, Bruno. 2011. *China and DRC: Africa's Next Top Models?* Chaire InBev Baillet-Latour. https://www.uclouvain.be/cps/ucl/doc/pols/documents/NA13-INBEV-ALL.pdf.

Hodges, John T., and Georgina Dellacha. 2007. "Unsolicited Infrastructure Proposals: How Some Countries Introduce Competition and Transparency." PPIAF Working Paper No. 1, Public-Private Infrastructure Advisory Facility, Washington, DC.

IMF (International Monetary Fund). 2003. "Assessing Public Sector Borrowing Collateralized on Future Flow Receivables." Unpublished memo. https://www.imf.org/external/np/fad/2003/061103.pdf.

Jansson, Johanna. 2011. "The Sicomines Agreement: Change and Continuity in the Democratic Republic of Congo's International Relations." SAIIA Occasional Paper N° 97, South African Institute of International Affairs, Johannesburg.

Korea Eximbank. 2011. "Resource Development in DR Congo through Water Supply Pipeline Construction." Press release. http://www.koreaexim.go.kr/en/bbs/noti/view.jsp?no=9671&bbs_code_id=1316753474007&bbs_code_tp=BBS_2.

Lee, Peter. 2010. "China Has a Congo Copper Headache." Asia Times, March 11. http://www.atimes.com/atimes/China_Business/LC11Cb02.html.

Lin, Justin Yifu. 2011. "How to Seize the 85 Million Jobs Bonanza." *Let's Talk Development* (blog), World Bank, Washington, DC, July 27.

———. 2012. *New Structural Economics: A Framework for Rethinking Development and Policy.* Washington, DC: World Bank.

Lin, Justin Yifu, and Yan Wang. 2013. "Beyond the Marshall Plan: A Global Structural Transformation Fund." Background paper published by the UN High Level Panel on the Post-2015 Development Agenda. http://www.post2015hlp.org/wp-content/uploads/2013/05/Lin-Wang_Beyond-the-Marshall-Plan-A-Global-Structural-Transformation-Fund.pdf.

Mineral Resources Mining SPRI-National Society of Railways of Congo SARL. 2012. Memorandum of Agreement, June.

Ogier, Thierry. 2011. "Concerns over China's 'Asymmetric Bargaining Power'." *Emerging Markets*, September 24. http://www.emergingmarkets.org/Article/2906476/Concerns-over-Chinas-asymmetric-bargaining-power.html.

Ravat, Anwar, and Sridar P. Kannan, eds. 2011. *Implementing EITI for Impact: A Handbook for Policy Makers and Stakeholders.* Washington, DC: World Bank.

Smith, David N., and Louis T. Wells. 1975. *Negotiating Third World Mineral Agreements.* Cambridge, MA: Ballinger.

Society of Industrial and Mining Development of Congo SARL-Tae Joo Synthesis Steel Co., Ltd. 2011. Operating Agreement, March.

UNCTAD (United Nations Conference on Trade and Development). 2013. "Time Series on Inward and Outward Foreign Direct Investment Flows, Annual, 1970–2012." Data Compiled by the *Financial Times* August 19, 2013, "Offshore Centres Race to Seal Africa Investment Tax Deals." http://www.ft.com/intl/cms/s/0/64368e44-08c8-11e3-ad07-00144feabdc0.html.

Vernon, Raymond. 1971. *Sovereignty at Bay.* New York: Basic Books.

Wang, Yan. 2011. "Infrastructure: The Foundation for Growth and Poverty Reduction: A Synthesis." In *Economic Transformation and Poverty Reduction: How It Happened in China, Helping It Happen in Africa,* edited by China-OECD/DAC Study Group, chapter III, volume II. OECD and International Poverty Reduction Center in China. http://www.oecd.org/dac/povertyreduction/49528657.pdf.

Wells, Louis T. 2013. "Infrastructure for Ore: Benefits and Costs of a Not-So-Original Idea." Columbia FDI Perspectives, No. 96, June 3. http://www.vcc.columbia.edu/content/infrastructure-ore-benefits-and-costs-not-so-original-idea.

Wenping, He. 2012. "Laying Foundation for Future." *China Daily*, June 29. http://usa.chinadaily.com.cn/weekly/2012-06-29/content_15534111.htm.

Declaração de Benefícios Ambientais

O Banco Mundial está comprometido com a redução da sua pegada ambiental. Em apoio a este compromisso, a Divisão de Publicações e Conhecimento alavanca opções de publicações electrónicas e tecnologia de impressão por encomenda, que está localizada em polos regionais no mundo inteiro. Em conjunto, estas iniciativas permitem uma redução das tiragens e das distâncias de transporte, resultando num menor consumo de papel, de uso de químicos, de emissões de gás de estufa e de desperdício.

A Divisão de Publicações e Conhecimento segue as normas recomendadas para uso de papel definidas pela Iniciativa Verde para a Imprensa. Sempre que possível, os livros são impressos em papel 50% a 100% reciclado após consumo, e pelo menos 50% da fibra no papel utilizado no nosso livro é ou não branqueado ou branqueado utilizando processos Inteiramente Livre de Cloro (TCF), Processado Livre de Cloro (PCF) ou Livre de Cloro Elementar (EECF).

Mais informações sobre a filosofia ambiental do Banco podem ser encontradas em http://crinfo.worldbank.org/wbcrinfo/node/4.

green press
INITIATIVE